La psychologie du Siècle

Le Trauma de l'Indicible

LA PSYCHOLOGIE DU SIÈCLE : LE TRAUMA DE L'INDICIBLE

First edition. November 15, 2025.

ISBN: 979-8231958627

Written by Djems Villard.

Par
Djems VILLARD

Table des matières

Ce livre est dédié à toutes celles et tous ceux qui, d'une manière ou d'une autre, m'ont offert leur soutien. Il l'est tout particulièrement à mes lecteurs, dont la fidélité inébranlable et la présence lumineuse ont accompagné chaque étape de ce projet.

Il existe des histoires qui commencent dans le bruit, et d'autres qui naissent de tout ce qui n'a jamais été dit.

La mienne a commencé par un silence.

Pas le calme apaisant du repos, mais un silence qui se met à mordre,

qui avale les noms,

qui enterre les vivants aux côtés des morts.

Chaque famille en porte un.

J'ai écrit ce livre pour écouter le mien.

Quand j'ai commencé à suivre les traces de Sentemiz, Vilton et Tipiti, je croyais remonter une ligne à travers le temps.

À la place, j'ai trouvé un cercle : un rythme de peur et de tendresse qui se répète jusqu'à ce que quelqu'un apprenne à l'entendre autrement.

Les traumatismes générationnels ne sont pas une chaîne que l'on brise ;

ce sont une mélodie que l'on doit apprendre à réécrire.

Les personnages de cette histoire sont fictifs, mais leurs blessures ne le sont pas.

Elles appartiennent à tous les lieux où l'histoire a été enterrée sans être guéries,

à toutes les familles qui ont appris à survivre en se taisant,

à chaque enfant qui a hérité à la fois de l'amour et des raisons de ne pas le dire.

Le voyage de Kouret à Granbwa, du silence au chant, est celui de la mémoire elle-même.

Il demande : Que se passe-t-il lorsque nous osons nommer ce qui nous a autrefois détruits ?

Et la réponse est simple, même si elle ne l'est jamais vraiment :

quand la douleur est dite, elle devient histoire ; quand elle est partagée, elle devient récit ;

et lorsqu'on peut s'en souvenir sans trembler, elle devient lumière.

Si tu lis ces mots et que tu te reconnais entre leurs lignes,

dans les silences, les absences, les lettres jamais envoyées,

sache ceci : le silence n'est pas une loyauté envers la souffrance.
Ce n'est qu'une porte qui attend que tu l'ouvres.
Au moment où tu parles, les fantômes écoutent.
Au moment où tu les écoutes en retour, ils se reposent.
Et peut-être que, lorsque l'air devient très calme,
tu les entendras, toi aussi,
trois notes qui tombent,
le son de ce qui a autrefois fait mal apprenant, enfin, à respirer.

Djems VILLARD

Introduction

L'architecture du silence : comment le traumatisme façonne les sociétés

Chaque société porte une blessure qu'elle refuse de nommer.

Certaines sont gravées dans la terre : la rivière qui a englouti des corps et qu'on a rebaptisée « progrès », la montagne dynamitée pour une richesse qui n'a jamais nourri les enfants des mineurs.

D'autres sont gravées dans les comportements : la manière dont tout un peuple baisse la voix lorsqu'il parle du passé, l'habitude d'un rire qui s'interrompt trop vite, la politesse qui dissimule la peur sous les apparences de la courtoisie.

Ce ne sont pas des accidents culturels. Ce sont des architectures du traumatisme, des systèmes bâtis autour de la nécessité de survivre à ce qui ne pouvait être enduré.

Le traumatisme générationnel est généralement évoqué à voix basse, dans le langage des familles. Mais les sociétés aussi héritent et transmettent la douleur. Des nations entières grandissent dans le silence. Des empires se construisent à force d'oubli. Des colonies se maintiennent grâce au refus discipliné de regarder en arrière. Et lorsque la douleur collective devient intolérable, elle s'infiltre vers le bas : dans les familles, dans les enfants, dans le vocabulaire intime du foyer.

Un pays, après tout, n'est que la somme des systèmes nerveux de son peuple.

Et le traumatisme, comme l'eau, trouve chaque fissure.

Qu'advient-il d'une société blessée ?

Elle apprend à se méfier du repos.

Elle apprend à construire sans racines, à aimer sans attentes, à glorifier la force parce que la tendresse paraît dangereuse.

Elle transforme la mémoire en poste de surveillance : nul ne passe sans inspection.

Elle apprend à une génération à cacher son chagrin, puis punit la suivante de ne pas savoir ressentir.

Elle crée des mythes d'ordre pour dissimuler le chaos sous-jacent.

Elle rédige l'histoire comme un livre de comptes et l'appelle la vérité.

Dans ces sociétés, tout devient à la fois symptôme et rituel.

La fête qui commémore la survie dissimule aussi la peur de la répétition.

L'hymne qui proclame la fierté murmure également la perte.

Même le rire devient un langage codé, moitié célébration, moitié camouflage.

Le traumatisme n'est pas seulement ce qui arrive ; c'est ce qui continue de façonner longtemps après l'événement.

Il devient étiquette, architecture, économie, et même paysage.

Les villes se souviennent de la conquête à travers les noms de leurs rues.

Les langues se souviennent de l'oppression à travers les mots qui leur manquent.

Et au centre de tout cela se tient le silence, patient, puissant, générationnel.

Dans une société traumatisée, le silence n'est presque jamais une absence.

C'est une infrastructure.

Il construit la maison où la politesse remplace l'honnêteté.

Il remplit les bureaux où l'obéissance est prise pour de la paix.

Il devient la loi qui protège la stabilité au détriment de la vérité.

Le silence est le mortier entre les pierres de l'histoire.

Il maintient les bâtiments debout en veillant à ce que personne ne demande ce qui se cache sous les planchers.

Mais le silence n'est jamais neutre.

Lorsqu'une culture réduit la douleur au silence, elle entraîne ses citoyens à porter cette douleur en privé.

Elle crée un monde de souffrants isolés qui croient que leur souffrance est personnelle plutôt que systémique.

Ainsi, le cycle se perpétue, non parce que quelqu'un le choisit, mais parce que personne n'imagine encore un autre vocabulaire.

Dans *Le Poids de l'indicible*, le silence d'une seule famille reflète celui de leur pays.

Le traumatisme qui commence par la fuite d'une mère à travers les flammes devient le langage que ses descendants héritent, un langage de retenue, de survie par l'immobilité.

Leur histoire est une allégorie de la manière dont les nations héritent de leurs propres vérités tues.

L'histoire de chaque société vit quelque part.

Quand elle n'a pas le droit de vivre dans les livres ou dans le débat public, elle se déplace dans le corps.

Le traumatisme collectif de la guerre devient l'oppression dans la poitrine des générations.

Les crimes inavoués de la colonisation deviennent l'épuisement chronique des pauvres.

La mise au silence des femmes devient la tension d'une culture autour du souffle et de la parole.

L'exploitation de la terre devient la maladie de son air et de ses rivières.

Les corps deviennent les archives de ce que les nations nient.

Et parce que le corps ne peut être censuré aussi facilement qu'un journal, il parle en symptômes.

Il tremble, il pleure, il oublie, il répète.

Et ces répétitions deviennent culture.

Quand une société dit : « Il faut passer à autre chose »,

le corps répond : « Nous n'avons nulle part où aller. »

Dans les familles, cela devient un héritage sans mémoire.

Un enfant grandit dans la peur sans savoir pourquoi.

Une mère garde des secrets pour protéger ses enfants, sans réaliser que le silence est aussi un maître.

La culpabilité muette d'un père devient l'hésitation chronique de son fils.

C'est ainsi que les sociétés reproduisent le traumatisme :

non par idéologie, mais par geste.

Par la manière dont une voix baisse.

Dont un regard s'évite.

Dont une main tressaille.

Toute culture qui a connu la catastrophe apprend à monétiser son oubli.

Elle transforme la douleur en tourisme, l'oppression en folklore, l'injustice en style architectural.

Elle enseigne l'histoire comme une succession d'événements, jamais comme une conséquence.

Il dit : « Cela est arrivé il y a longtemps », comme si le temps, à lui seul, était un remède.

Mais l'oubli coûte cher.

Il coûte l'empathie.

Il coûte l'intimité.

Il coûte la capacité d'imaginer autre chose.

Quand une nation refuse de ressentir sa propre peine, elle bâtit des industries autour de la distraction, de la productivité, de la consommation, du divertissement, jusqu'à ce que l'épuisement lui-même devienne la preuve de la vertu.

Les gens travaillent non pas pour vivre, mais pour éviter de s'arrêter assez longtemps pour se souvenir.

Et pourtant, la mémoire persiste.

Elle s'infiltre par l'art, par les superstitions, par les berceuses, les rumeurs, les cauchemars.

Le traumatisme est un archiviste remarquable.

Même brûlé, il garde des copies.

À un moment donné, quelqu'un commence à écrire.

Non pas pour accuser, ni même pour expliquer, mais pour respirer.

Cet acte, dire, se souvenir, nommer, est à la fois une rébellion et un remède.

Parce que le traumatisme prospère dans le secret, chaque phrase prononcée à voix haute devient une incision par laquelle la lumière entre.

Dans *Le Poids de l'indicible*, chaque génération s'approche un peu plus de la parole.

Sentemiz, la mère qui a fui, ne peut pas parler du tout ; son silence est son armure.

Vilton, son fils, construit des horloges : il remplace les mots par la précision, le rythme, le contrôle.

Tipiti, la petite-fille, finit par ouvrir la boîte, lire les lettres et raconter l'histoire à voix haute.

Ce faisant, elle brise non seulement le silence de sa famille, mais aussi celui de sa société.

Le récit est la thérapie ultime, la plus authentique du corps.

C'est ainsi que le système nerveux collectif expire.

C'est ainsi que les fantômes d'un peuple apprennent à marcher sans chaînes.

Toute culture qui guérit le fait par le récit, en trouvant un langage assez vaste pour contenir à la fois le chagrin et l'espoir.

C'est pourquoi les histoires survivent aux gouvernements et pourquoi la mémoire trouve toujours une nouvelle langue, même lorsque l'ancienne a été interdite.

Granbwa, la forêt qui revient tout au long du roman, n'est pas seulement un paysage : c'est une métaphore.

C'est l'inconscient collectif d'un peuple qui a enterré trop de noms.

Chaque arbre est un ancêtre.

Chaque racine est une mémoire qui refuse de mourir.

Lorsque Tipiti retourne à Granbwa pour y enterrer les lettres de sa famille, elle réalise ce que des sociétés entières devront un jour accomplir :

retourner sur les lieux du traumatisme, non pour le vénérer, ni pour le reconstruire, mais pour écouter.

Dans la forêt, les frontières entre les vivants et les morts s'estompent.

C'est cela, le but de la guérison : non pas séparer le chagrin de la vie, mais l'intégrer si pleinement qu'il ne fasse plus peur.

Granbwa est toute patrie qui se souvient de son propre incendie.

C'est aussi chaque cœur qui continue de grandir malgré tout.

La psychologie moderne nous dit que le traumatisme transforme le corps.

Il transforme aussi le collectif : sa politique, son architecture, son art, ses dieux.

Une société traumatisée tend vers les extrêmes :

soit le contrôle autoritaire (la sécurité par l'ordre),

soit le chaos (la sécurité par l'engourdissement).

Elle cherche la certitude parce que l'incertitude rappelle la nuit de feu.

Elle cherche la pureté parce que l'ambiguïté ressemble à une menace.

Mais l'opposé du traumatisme n'est pas la pureté.

C'est la complexité.

C'est la capacité de tenir des contradictions sans s'effondrer, de dire :

« Nous avons été à la fois blessés et blessants.

Nous avons été victimes et témoins.

Nous avons survécu, et nous devons aussi changer. »

Une société en bonne santé, comme une personne guérie, ne cherche pas la perfection.

Elle cherche la capacité :

la capacité de ressentir sans se noyer,

de se souvenir sans revivre,

d'aimer sans posséder.

C'est le voyage que propose ce roman, à travers les personnages, les paysages, le temps.

Chacun apprend à augmenter sa capacité de vérité.

Que peut faire la fiction que l'histoire ne peut pas ?

Elle peut ressentir.

Elle peut faire habiter une blessure au lecteur au lieu de la lui faire étudier.

Elle peut transformer des statistiques en battement de cœur.

La fiction n'efface pas le traumatisme ; elle le métabolise.

Elle transforme la survie en syntaxe, le silence en forme.

Lorsque le lecteur entre dans *Le Poids de l'indicible*, il ne lit pas seulement l'histoire d'une famille.

Il participe à une fonction sociale ancestrale :

le rituel de l'imagination partagée, où le chagrin personnel devient empathie collective.

Chaque fois qu'une histoire comme celle-ci est racontée, le système nerveux social s'élargit.

Il gagne un chemin de plus vers la compassion, un vocabulaire de plus pour la tendresse.

Le livre devient non pas un miroir de la douleur, mais un pont entre les douleurs.

C'est ainsi que les sociétés guérissent, non par l'amnésie, mais par la conversation.

En apprenant à dire ce qui fut jadis indicible, et à écouter sans détourner les yeux.

Ce roman n'est pas simplement destiné à être lu.

Il est destiné à être entendu.

Il est écrit dans le rythme du souffle, le même rythme qui portait autrefois les cris de la ville en flammes et qui porte aujourd'hui les berceuses de ses descendants.

En entrant dans cette histoire, rappelle-toi ceci :

Toi aussi, tu viens d'une lignée.

Ton pays, ton corps, ta famille, chacun porte son ombre et sa semence.

Tu as hérité à la fois du silence et de la capacité de le briser.

Ce livre ne te donnera pas la fermeture.

Il te donnera un langage.

Tu pourrais te reconnaître dans la fuite de Sentemiz, dans l'immobilité de Vilton, dans la quête obstinée de voix de Tipiti.

Tu pourrais découvrir que ta propre histoire, nationale, familiale, personnelle, possède elle aussi sa boîte cachée sous le plancher.

Si c'est le cas, considère ce roman comme une permission de l'ouvrir.

Le monde est rempli d'arbres qui écoutent.

Ils attendent nos histoires.

Car, au fond, chaque culture n'est libre qu'à la mesure des histoires qu'elle peut raconter sur elle-même.

Et chaque histoire, lorsqu'elle est dite avec honnêteté, devient une vérité simple :

Le silence n'est pas notre héritage.

Le récit, lui, l'est.

Partie I

La première blessure (L'ère de Sentemiz)

Chapitre Un

La nuit des cendres

Il existe des nuits qui n'appartiennent pas au temps.

Des nuits où l'air lui-même oublie comment bouger, où la terre retient son souffle parce que quelque chose de terrible écoute.

Cette nuit-là, à Kouret, les étoiles étaient cachées derrière un ciel meurtri, et la lune gisait voilée par la fumée qui montait des collines de l'ouest.

Le village de Latwazon dormait sous ses toits tranquilles, palmes tressées, argile et prière, sans savoir que l'histoire avait tourné son regard vers lui.

J'y étais, bien que personne ne pût me voir.

Je suis Tayina Granbwa, fille de nulle maison, mère de toute mémoire.

Je marche là où commence le silence.

Et cette nuit-là, je sentis le silence se déplacer.

Dans une petite maison près du bosquet de tamariniers, Sentemiz s'éveilla.

La nuit était trop immobile.

Son mari, Dolen, gisait à ses côtés, agité, le front humide de la sueur des mauvais rêves.

Leur bébé, recroquevillé dans un panier près de la fenêtre, murmurait doucement, ce demi-son entre sommeil et faim.

Dehors, les chiens s'étaient tus.

Même les grillons, ces infatigables gardiens du rythme, avaient cessé leur chant.

Quand le premier sabot frappa les pierres du chemin, Sentemiz comprit que quelque chose n'allait pas.

Elle se redressa, le drap fin glissant de ses épaules, son cœur battant comme un tambour dans sa poitrine.

Un autre bruit suivit : des bottes, beaucoup de bottes, le cliquetis du métal, l'ordre sourd d'une voix d'homme aboyant en cette langue étrangère que les gens de Kouret avaient appris à obéir.

Dolen se leva sans un mot.

Il se rendit au petit coffre au pied du lit et en sortit sa machette — la lame qui servait à couper la canne et à récolter le fruit à pain, désormais transformée en arme par un homme qui savait ce qui arrivait.

« Reste avec l'enfant, » murmura-t-il. « S'ils viennent par ici, cache-toi sous les planches. Ne bouge pas tant que le bruit n'est pas parti. »

Sentemiz chercha son bras, mais il s'était déjà détourné.

L'expression sur son visage n'était pas la peur ; c'était la résignation, le savoir silencieux que certaines nuits ne laissent aucun survivant.

Il embrassa son front une fois, puis la joue du bébé endormi, et s'avança dans l'obscurité.

La porte se referma derrière lui avec un bruit trop définitif pour être simplement du bois contre du bois.

C'était le son d'une vie qui scellait son destin.

Au début, il n'y eut que des détonations lointaines, comme un tonnerre qui ne se souvenait plus comment rouler.

Puis vint l'odeur : âcre, amère, métallique.

La fumée.

Sentemiz serra son bébé contre elle et s'avança vers la fenêtre. En contrebas de la colline, une lueur orange s'épanouissait comme un lever de soleil impie. Une maison, puis une autre. Des flammes qui avançaient avec intention.

Quelqu'un hurla, un son aigu et ténu, brusquement étouffé.

Son pouls se mit à battre plus fort. L'enfant gémit, et elle le pressa contre sa poitrine, murmurant une berceuse qui n'appelait pas au sommeil, mais au silence.

Les soldats de la Garde du Nord de Potino étaient arrivés à Latwazon. Ils venaient chercher la loyauté, les taxes impayées, ou n'importe quelle raison qu'inventent les hommes quand la soif de pouvoir les dévore. Cela n'avait pas d'importance.

Ils étaient là, et cela suffisait.

La voisine de Sentemiz surgit par la porte arrière : Rola, la femme du boulanger, le visage gris de suie.

« Ils brûlent la place ! » souffla-t-elle. « Cours, Sentemiz ! Cours maintenant ! »

Sentemiz ne réfléchit pas. Elle attrapa la besace suspendue près de la porte, une poignée de cassave séchée, une gourde d'eau, le petit talisman de bois sculpté par son père lorsqu'elle était enfant. Rien de plus.

Elle s'élança par l'arrière, le bébé emmailloté dans un linge blanc qui avait autrefois appartenu à sa robe de mariage.

Dehors, l'air était brûlant, animé de courants étranges, chargé de l'odeur mêlée du feu et de la canne à sucre.

Le monde était devenu rouge.

Elle traversa la clairière, le sol mou sous les fruits tombés. Tous les quelques pas, elle trébuchait, le poids du bébé la déséquilibrant. L'enfant se mit à pleurer, un cri petit, féroce, impuissant.

Elle tenta de le calmer, mais le son enfla, porté par le vent.

Elle entendait désormais les soldats, leurs cris, leurs rires. Le martèlement des bottes.

Sentemiz se glissa derrière un mur croulant près du vieux puits, le souffle arraché à sa gorge.

Un instant, elle osa regarder en arrière.

L'horizon brûlait. La maison qu'elle avait bâtie avec Dolen n'était plus qu'une forme de lumière et de fumée.

Un éclair de mémoire : les mains de Dolen lissant les murs d'argile, son rire résonnant contre les chevrons tandis qu'il accrochait le berceau de l'enfant.

Anéantis.

Les soldats se dispersèrent, torches au poing. L'un d'eux cria dans la langue de la capitale, des mots qui, plus tard, seraient consignés dans des rapports sous l'expression « action disciplinaire ».

Sentemiz se tassa davantage. Le bébé couina. Elle le berça, désespérée, son cœur le suppliant de rester silencieux.

Puis un toussotement. Un seul.

Le soldat le plus proche tourna la tête.

« Là-bas ! »

Sentemiz s'élança, serrant l'enfant, fendant la canne à sucre à toute vitesse. Les tiges lui entaillaient les bras et les chevilles, traçant sur sa peau de fines lignes de sang qui scintillaient sous la lueur des flammes.

Derrière elle, des pas martelaient le sol. Un coup de feu déchira l'air. La terre elle-même sembla sursauter.

Elle trébucha contre une racine, s'effondra violemment, et le bébé glissa de ses bras, juste un instant, juste à un souffle d'elle. Mais lorsqu'elle tendit de nouveau les mains, ses doigts ne rencontrèrent que la terre et la cendre.

« **Nonononon...** » Le mot jaillit d'elle sans son consentement, brut, étranger à sa langue.

Elle tâtonna dans la fumée, suffocante, aveugle. Un autre coup de feu, plus proche. Une voix d'homme qui criait.

Puis, le silence.

Quand le vent tourna, les soldats avaient disparu. L'enfant aussi.

Elle rampa sur ses genoux, les paumes en sang. Ses doigts frôlèrent quelque chose de doux : le tissu blanc, maintenant strié de suie et de sang. L'odeur du lait y persistait, cruelle, ténue.

Elle le porta à son visage et hurla, non pas un cri pour les vivants, mais un de ces appels que seuls les esprits entendent.

Je l'ai entendu. Je l'ai senti onduler dans l'air comme une fissure brisant la coquille du monde.

« *J'ai voulu lui répondre,* » murmuré-je aujourd'hui, à travers le voile des souvenirs. « *Mais les esprits sont condamnés au silence lorsque les vivants se brisent.* »

À l'aube, Latwazon n'était plus que fumée et ruines.

Les coqs ne chantèrent pas. La rivière près du village coulait noire de cendre.

Sentemiz erra aux abords, appelant le nom de son enfant, une fois, deux fois, jusqu'à ce que sa voix s'éteigne.

Elle ne trouva ni corps, ni trace — seulement l'odeur du grain brûlé et du fer.

À midi, elle aperçut ce qu'il restait de sa maison : une ossature de bois, un mur solitaire dressé comme un fantôme têtu.

Sous celui-ci, à demi enfoui dans la cendre, gisait la machette de Dolen.

Elle la ramassa et la prit avec elle, bien qu'elle ne la lèverait plus jamais.

Quand le soleil se coucha, elle se mit en route vers le nord, en direction des forêts de Granbwa, cette terre au-delà de la frontière où les soldats n'osaient pas s'aventurer.

Elle marcha à travers les champs où la canne murmurait encore dans le vent, à travers les collines qui luisaient comme des plaies ouvertes.

Chaque pas arrachait quelque chose en elle — souvenir, espoir, besoin de langage.

Au deuxième soir, elle avait cessé de parler, même à elle-même.

Le tissu pendait à son poignet, raidi par le sang séché, accrochant la lumière de la lune comme un drapeau de reddition.

« Ainsi, elle traversa l'histoire pour entrer dans le mythe », murmure Tayina.

« Et le silence qu'elle portait allait leur survivre à tous. »

Au troisième jour, les pieds de Sentemiz s'étaient fendus, saignaient.

La terre de Kouret s'attachait à ses semelles comme si elle refusait de la laisser partir.

Elle avançait vers le nord, toujours vers le nord, suivant les anciens sentiers de contrebandiers qui serpentaient entre les collines basses.

Sa bouche était sèche, ses bras lourds d'avoir porté un enfant qui n'était plus là.

Parfois, elle oubliait.

Elle déplaçait son épaule pour soutenir un poids absent, fredonnait une berceuse au vent, puis se rappelait, et le son mourait dans sa gorge.

Quand elle atteignit la rivière Kayeli, le crépuscule était revenu.

L'eau miroitait du reflet d'un ciel rouge, la couleur des fins.

Le courant était plus fort qu'elle ne l'avait imaginé.

Il sifflait, écumait autour de ses mollets, mais elle avança, murmurant la prière que sa mère lui avait apprise pour les traversées :

« Que l'eau se souvienne de qui je suis. »

À mi-chemin, ses genoux cédèrent.

Elle s'enfonça jusqu'à ce que le courant vienne lécher son menton.

Un instant, elle songea à se laisser emporter.

Que restait-il à sauver ?

Mais sa paume rencontra quelque chose, une pierre, lisse et froide, en forme de cœur.

Elle la serra.

Quelque part en elle, quelque chose d'ancien, de têtu, insista pour qu'elle vive.

Elle rampa jusqu'à l'autre rive, tremblante.

Quand elle se retourna, la fumée de Kouret traînait encore à l'horizon.

« Les vivants sont plus cruels que les fantômes », dis-je aux arbres, bien que nul ne m'entendît.

« Ils brûlent ce qu'ils craignent de se rappeler. »

Sentemiz pressa le tissu taché de sang contre sa poitrine et commença à gravir le sentier menant à Granbwa, la forêt sans frontière qui s'étendait comme un hymne entre les mondes.

La première chose qu'elle remarqua fut le son.

Pas le silence, pas encore, mais un bourdonnement, bas et constant, comme si la forêt respirait autour d'elle.

La canopée s'épaississait au-dessus de sa tête, et l'odeur de fumée disparut, remplacée par celle de la terre mouillée et d'une douceur étrange, la décomposition devenue fertile.

Elle suivit ce bourdonnement jusqu'à ce qu'il se fonde dans son propre pouls.

Au bord d'une clairière, elle les vit : des centaines de fleurs blanches écloses d'un coup, chacune berçant une perle de pluie.

Elles luisaient faiblement à la lumière mourante.

La vision était si étrange, si vivante, qu'elle transperça son épuisement.

Elle tomba à genoux parmi les fleurs et pleura, les premières larmes depuis l'incendie.

Pas des sanglots bruyants, pas une crise sauvage, mais des pleurs muets qui secouèrent ses épaules jusqu'à ce que son corps se vide de tout, sauf du souffle.

Quand elle se réveilla, c'était le matin.

Un oiseau était posé sur une branche au-dessus d'elle, ses plumes noires traversées d'une unique ligne d'argent.

Il inclina la tête, curieux, puis chanta trois notes, douces, descendantes, inachevées.

Elle écouta, et quelque chose dans sa poitrine brûla du désir de répondre, mais aucun mot ne vint.

Seulement de l'air.

Sentemiz rassembla ses rares affaires : la besace, la machette, le tissu, la pierre de la rivière.

Elle suivit le chant de l'oiseau à travers la forêt, le laissant la guider plus profondément encore dans l'inconnu.

La forêt de Granbwa ne lui faisait pas peur.

Elle portait une forme de miséricorde propre à elle, la promesse que la mémoire pouvait s'y noyer sans jugement.

Pendant trois jours, elle marcha, mangeant des racines sauvages, dormant sous des arbres qui semblaient, chaque nuit, se pencher un peu plus vers elle.

Elle ne parla pas, même pas aux ombres qui, parfois, bougeaient à la lisière de sa vision.

Au quatrième jour, elle trouva un arbre creux et en fit son abri.

À l'intérieur, elle alluma un petit feu avec du bois flotté et prononça le premier vœu qui allait définir sa lignée :

« Personne ne saura.

Personne ne se souviendra. »

Et la forêt écouta.

Ce fut la faim qui la fit sortir de la forêt.

À l'aube, elle suivit une odeur de fumée, pas l'odeur âcre, non, mais une odeur chaude, celle du maïs cuit.

Le sentier la mena à une clairière près de Majoj, un village frontalier.

Là, des hommes réparaient des clôtures, et des femmes étalaient du manioc sur des nattes tressées pour sécher au soleil.

Ils la regardèrent avec la curiosité prudente que l'on réserve aux fantômes et aux étrangers.

Un homme s'avança, les mains rugueuses, la voix mesurée.

« Tu viens du sud, » dit-il.

« Des terres brûlées ? »

Elle hocha la tête, mais ne répondit pas.

Il étudia son visage, ses vêtements, le tissu toujours noué à son poignet.

« Je m'appelle Jovrel, » dit-il.

« Tu n'as nulle part où aller, n'est-ce pas ? »

Elle resta silencieuse.

Il désigna la hutte derrière lui.

« Il y a de la nourriture. Et de l'eau. Tu peux te reposer. »

Sentemiz le suivit, parce qu'elle était trop épuisée pour faire autrement.

Cette nuit-là, elle dormit sur une natte près de son foyer, son premier sommeil chaud depuis l'incendie.

Au matin, elle trouva un bol de bouillie et un morceau de tissu soigneusement plié à côté, un cadeau de bienvenue.

Jovrel était patient. Il ne posa aucune question sur le passé.

Avec le temps, il lui apprit à tresser des paniers, à planter le maïs, à nommer les étoiles de Granbwa.

Les mois devinrent des années.

Et si son corps guérit, sa voix, elle, ne revint jamais.

Elle ne parlait que lorsque nécessaire, des mots courts, discrets, comme des cailloux laissés tomber dans une eau immobile.

Jovrel ne la pressait pas.

Il prenait son silence pour de la paix, sans jamais comprendre que c'était un tombeau qu'elle s'était construit.

Dans ce silence, ils bâtirent une vie.

Un fils naquit, Vilton, avec des yeux comme la tempête qu'elle avait fuie, et un calme qui la mettait mal à l'aise.

Sentemiz le tenait contre elle avec une admiration mêlée de crainte, lui murmurant les berceuses qu'elle avait autrefois chantées à l'enfant perdu.

Mais même alors, elle ne parla jamais de Kouret.

Le passé devint une ombre cousue à ses talons.

« Ainsi, la graine fut enterrée, » murmurai-je dans l'air.

« Une blessure prise pour de la force. »

Des années plus tard, lorsque Vilton eut quatre ans, une tempête s'abattit sur Majoj.

Le vent arrachait les toits ; la rivière gonfla au point d'engloutir la passerelle.

Cette même nuit, une voisine mourut, une femme bienveillante qui, autrefois, avait apporté à Sentemiz des herbes après son accouchement.

Les villageois préparaient une veillée, mais Sentemiz interdit à Jovrel d'y aller.

« Les morts voyagent vite pendant les tempêtes, » chuchota-t-elle.

« Ils trouvent les portes ouvertes. »

Jovrel fronça les sourcils mais resta.

Il ne vit pas la façon dont ses mains tremblaient, ni ses yeux qui n'arrêtaient pas de revenir vers la fenêtre.

Lorsque la tempête atteignit son apogée, la foudre frappa le fromager près de leur maison.

L'enfant, Vilton, se réveilla en hurlant.

Sentemiz se précipita vers lui, mais en atteignant le berceau, elle se figea.

Pendant un battement de cœur, elle ne vit pas Vilton, mais un autre bébé, plus petit, enveloppé de blanc, la fumée s'élevant encore de sa peau.

La vision disparut aussi vite qu'elle était venue.

Elle serra Vilton contre sa poitrine, le berça jusqu'à l'aube.

Au matin, l'arbre fumait encore, fendu net en son centre.

Au fil des années, Sentemiz devint plus silencieuse. Son rire s'éteignit. Ses histoires se changèrent en prières.

Elle gardait le tissu ensanglanté caché sous les lattes du plancher, dans une boîte en bois gravée des initiales de son enfant perdu. Personne ne lui en parla jamais.

Parfois, lorsque le vent du sud apportait l'odeur de la canne à sucre, elle s'arrêtait net et fermait les yeux.

Ses lèvres bougeaient, mais aucun son ne franchissait sa bouche.

Jovrel pensait qu'elle priait.

Vilton croyait qu'elle écoutait.

Moi seule, Tayina, savais qu'elle se souvenait.

Et se souvenir, pour elle, était un acte dangereux.

Le jour anniversaire de l'incendie, bien qu'elle n'ait plus compté les dates, elle se rendait au bord de la forêt, s'agenouillait et posait ses mains contre la terre.

Un jour, je me tenais près d'elle, invisible mais toute proche, et je l'entendis murmurer au sol :

« Si l'enfant vit, qu'il m'oublie. Que mon silence le protège. »

Ce fut la première malédiction qu'elle prononça, et elle fonctionna trop bien.

Des années plus tard, le monde la qualifierait de survivante.

Mais survivre n'est pas vivre. Ce n'est que ce qui demeure quand l'histoire refuse de se terminer.

Sentemiz construisit une maison de silence.

Vilton comprit très tôt que les questions amenaient des ombres, alors il cessa d'en poser.

Ainsi le silence se durcit, génération après génération, jusqu'à devenir un héritage : invisible, lourd, indestructible.

Je regardais depuis la lisière des choses, patiente et endeuillée.

Nous, les morts, sommes les gardiens des histoires inachevées, et la sienne fut le premier fil d'une tapisserie qui s'étendrait sur des décennies.

Lorsqu'elle mourut enfin, bien des années plus tard, on l'enterra près du vieux fromager.

Les villageois disaient que les racines y devinrent plus épaisses, que la terre ne s'y asséchait jamais.

Ils y voyaient une bénédiction. Ils ignoraient que c'était son silence qui nourrissait le sol.

« Et ainsi tout commença », je murmure aujourd'hui, depuis l'endroit où sommeille la mémoire.

« Une femme fuyait un feu, mais le feu suivit son sang.

Et il faudrait trois générations avant que quelqu'un n'ose nommer la fumée. »

Chapitre Deux — La Maison de Granbwa

Certaines maisons naissent avec le savoir instinctif de garder un secret.

Celle-ci s'élevait au bord humide de la forêt de Granbwa, là où la brume se déroulait comme de longs cheveux blancs et où les matins arrivaient sur le dos des oiseaux. Jovrel avait planté les poteaux lui-même, en bois de fromager et d'arbre à pain, dressés et enfoncés dans la terre patiente. Il mesurait avec une ficelle, chantait à mi-voix, et pressait chaque planche comme s'il lui parlait : tiens, tiens, tiens.

Sentemiz observait, muette. Elle tressait des palmes pour la toiture, lissait l'argile avec de l'eau et de la cendre, et bordait le seuil de feuilles de basilic écrasées pour que les fourmis envisagent d'autres royaumes. Ses mains étaient sûres, son visage impénétrable. Lorsque les murs furent enfin assez hauts pour projeter une ombre d'après-midi, elle glissa un petit ballot sous le plancher : une boîte de bois sculpté, une bande de tissu blanc pliée comme un nuage ancien, une pierre de rivière qui se souvenait du poids de sa paume.

Personne ne la vit faire.

Mais moi, oui.

« Une maison pousse autour de ce que l'on plante à ses racines, » soufflai-je dans les poutres. « Même le silence. Même le chagrin. »

Ils nommèrent la maison seulement par ce qu'elle regardait : le bosquet, le sentier de la rivière, la crête. Des noms qui faisaient carte, non mémoire. Des noms qui aidaient une femme à vivre vers l'avant.

À la deuxième saison des pluies, la véranda sentait le café à l'aube ; à la troisième, Vilton pouvait aller de la porte aux marches sans tomber. Chaque matin, la lumière posait des rectangles brillants sur le sol d'argile, et dans ces rectangles, l'enfant apprit la langue de la poussière, comment elle s'élève, comment elle danse, comment elle retombe quand on la regarde de trop près.

Sentemiz se mouvait autour de lui comme une météo invisible. Elle gardait de l'eau frémissante dans une marmite cabossée ; rangeait la cassave plate comme des lunes sur une étagère ; comptait les haricots et les heures avec le même regard patient. Si elle parlait, c'était au foyer : assez, doucement, pas plus que cela. Si elle riait, c'était petit et vite rangé, comme une chose empruntée.

La maison apprit son pouls. Elle le suivit, planche après planche.

À Granbwa, la pluie arrivait en six dialectes : la douce promesse de la bruine, le chuchotis de verre filé sur les feuilles de bananier, le tambourinement sur le toit qui faisait applaudir le garçon, la pluie-fil qui cousait midi au crépuscule, les poings lourds de l'orage, et ce silence soudain qui signifiait que la forêt écoutait.

Les jours d'écoute, les règles de Sentemiz s'allongeaient.

« Ne siffle pas après la tombée de la nuit, » dit-elle à Vilton, en nouant un fil rouge à son poignet. « Le sifflement appelle des choses qui n'oublient jamais leur nom. »

« Ne dors pas les pieds vers la porte. Tu pourrais marcher dans tes rêves. »

« N'ouvre pas la boîte sous le plancher. »

Elle s'arrêta là.

Elle ne lui avait jamais dit qu'il y avait une boîte.

Le mot s'échappa et resta suspendu entre eux comme une lanterne que ni l'un ni l'autre n'avait allumée. Elle replia le reste de la phrase en elle-même et remua la marmite jusqu'à ce que le bouillon engloutisse son erreur.

Vilton, parce qu'il était un enfant, apprit les lois selon leur gravité. Certaines règles étaient des cailloux qu'il pouvait soulever. D'autres, des montagnes. Les règles-montagnes n'avaient pas d'explication, et il les sentait surtout lorsque les mains de sa mère s'agitaient et que son visage s'éloignait dans un lieu où il ne pouvait pas la suivre.

« Pourquoi, Maman ? » demanda-t-il un jour, à propos du sifflement.

« Parce que le son voyage plus vite que le regret », répondit-elle, et il porta cette réponse comme un garçon porte une pierre secrète, chaude dans sa poche, lourde, jamais partagée.

Jovrel, qui construisait des bateaux le jour et les réparait à la lueur d'une lampe, adoucissait les règles avec de petites malices. Il apprit à Vilton à tailler des sifflets dans des roseaux puis les cachait dans les chevrons du toit pour que le garçon lève les yeux et sourie. Le soir, quand les tempêtes secouaient la toiture et que la forêt soufflait son haleine humide à travers les fentes de la fenêtre, Jovrel racontait des histoires de marchands de Majoj qui naviguaient au son seul ; de pêcheurs capables d'entendre la couleur de l'eau ; d'un renard qui connaissait les noms de la pluie.

Sentemiz écoutait et regardait la porte.

L'année où les mangues furent si abondantes que les chèvres apprirent à se dresser sur leurs pattes arrière pour les atteindre, une femme de la crête mourut. Tessa de la Crête, avec deux dents en or et les coudes les plus doux de tout le village, celle qui avait prêté à Sentemiz un écheveau de fil lorsque Vilton était né. Le village préparait la veillée. On accrocherait des lanternes au grand amandier. Les tambours parleraient aux os et les persuaderaient de lâcher prise.

Jovrel se lava les mains au tonneau et chercha la bonne chemise.

« Nous irons une heure, » dit-il doucement à sa femme. « Nous devons à Tessa son passage. »

« Les morts voyagent plus vite quand beaucoup de portes sont ouvertes, » répondit Sentemiz. « Que la maison n'ait qu'une seule bouche, ce soir. Et qu'elle soit fermée. »

Elle barra la porte avec un bâton de bambou et scella la fenêtre avec un tapis tressé. La pièce devint un peu plus petite, un peu plus lourde.

Jovrel, lui aussi en deuil, posa la main sur le loquet mais ne l'ouvrit pas. Le garçon, sentiment le frisson d'un événement qu'il ne pouvait nommer, colla son oreille au sol pour écouter les fourmis. (Elles n'avaient pas bougé. Elles aussi comprenaient la magie des portes.)

Quand les tambours commencèrent au loin, leurs voix régulières rappelant aux vivants qu'ils respiraient encore, Vilton sentit le rythme courir dans ses jambes. Il voulait courir jusqu'à l'amandier pour voir la lumière jaune, retrouver les filles de Tessa et fixer les bougies jusqu'à ce que leurs mèches deviennent des yeux. Il regarda vers sa mère. Son visage s'était changé en pierre si lisse qu'il y voyait son reflet. Il alla plutôt à la jarre d'eau et but comme les chèvres buvaient : vite, prudemment, reconnaissant.

Au milieu de la nuit, le tonnerre fissura la crête. La foudre trouva le kapok et l'ouvrit comme un livre. Pendant un battement d'œil qui dura comme une heure, la pièce s'illumina d'un blanc total, et dans ce blanc il vit, quoi ? Un berceau. Un tissu. Une fumée tressée en ruban autour de la gorge d'un bébé. La vision s'enfuit lorsque l'obscurité revint. Le souffle de sa mère changea à côté de lui, mais elle ne dit rien. Sa main trouva ses cheveux et y resta, ancre silencieuse.

Au matin, la barre de bambou avait laissé une fine rainure dans les montants de la porte. Une nouvelle marque que la maison garderait, du bois se souvenant du bois.

« Les verrous ne servent pas seulement à tenir le monde dehors, » rappelai-je aux chevrons. « Ils retiennent aussi une histoire. »

Il y avait dans la maison un endroit où les planches sonnaient différemment. Chaque planche répondait d'un tok creux lorsqu'on la touchait du doigt ; celle-ci donnait une syllabe plus douce, un souffle retenu : tonk. Pas un secret, exactement. Une façon de ne pas résonner.

Vilton la découvrit en jouant. Il avait une flûte en os de chèvre qui donnait quatre notes quand il soufflait trop fort et cinq lorsqu'il effleurait l'air. Les après-midis où le soleil fabriquait des échelles dans l'air, il s'asseyait sur ces barreaux de lumière et faisait une rivière de sons pour transporter des bouts de bois. L'un d'eux trouvait toujours la jointure de cette planche étrange et s'y arrêtait, frémissant, comme s'il décidait s'il allait devenir ou non le genre de bois qui se souvient.

« Ne t'assieds pas là, » disait Sentemiz, douce mais tranchante. « Le plancher est vieux à cet endroit. »

« Il a le même âge que tout le plancher, » répondit-il une fois, ravi de sa logique.

« Alors il a le même âge que tout le plancher, » répéta-t-elle, et déplaça la cassave sur une autre étagère.

Il se mit à rêver d'une bouche de bois sous la maison. Pas une bouche effrayante ; il n'avait pas peur, se disait-il ; mais une bouche qui pourrait avaler un garçon entier et le garder en sécurité contre le tonnerre et les questions. Dans ces rêves, il parlait une langue où chaque mot faisait une lumière. Il ouvrait la bouche et un silence montait comme de la vapeur.

Au réveil, il essayait parfois de dire un mot qui ferait de la lumière. Aucun ne l'exauça.

Par une soirée sèche où les cigales reliaient la cour au bosquet par de minces fils de son, Jovrel souleva la planche du plancher avec la tranquille délicatesse d'un homme qui répare un grincement. Il regarda dans le carré de terre en dessous, hocha la tête, et remit la planche en place.

« Laisse, » dit Sentemiz, la voix égale. « Il n'y a rien à réparer. »

Même Vilton entendit le fil tendu par ce rien.

Il apprit qu'on pouvait être invisible tout en étant aimé. Il apprit la géographie du silence de sa mère : où ne pas se tenir (la cuisine quand elle remuait, l'embrasure au crépuscule), ce qu'il ne fallait pas demander (le vent du sud, le mot d'avant), et quand lui apporter une tasse sans qu'elle le demande (après la première pluie, après qu'un coq eut chanté deux fois à la mauvaise heure).

Il apprit que les mains de son père fabriquaient les bateaux, mais que celles de sa mère décidaient si un bateau quitterait la rive. Il apprit à écouter le grain du bois, l'air entre les phrases, la manière dont les planches de la véranda soupiraient au passage du soir.

À l'école, deux salles près du bosquet de tamariniers, un tableau incliné, une cloche qui était une cuillère suspendue à un crochet, il découvrit que les réponses faisaient briller les autres enfants. Il aimait briller. Il aimait le « Oui » de l'enseignante, un galet dans sa poche. Mais il apprit aussi à plier une bonne chose en un morceau assez petit pour tenir dans un poing fermé, comme sa mère pliait son rire. Il devint excellent, mais silencieusement. C'était son art.

Il rapportait ses feuilles d'exercices et les glissait sous la lampe à huile. Jovrel rayonnait. Sentemiz hochait la tête et disait la phrase qu'elle réservait aux bénédictions qui risquaient d'être punies si on les nommait : « Bien. Maintenant, va te laver les mains. »

Lave-toi les mains : le rituel de déliaison. La façon de rincer la louange pour qu'elle n'attire pas ce que les vieilles appelaient l'envie et que les jeunes hommes appelaient l'œil. L'eau tombait de ses doigts comme des oiseaux qu'on mue.

Cette nuit-là, il rêva qu'il connaissait toutes les lettres. Quand il essaya de les dire dans l'ordre, l'alphabet se réarrangea en une porte qu'il ne pouvait ouvrir. Il se réveilla la mâchoire douloureuse.

« Certains enfants héritent des clés, » dis-je à l'aube. « D'autres héritent des pièces sans porte. Pourtant, ils apprennent la forme des sorties. »

Les nouvelles arrivaient à Granbwa à pied et en fruit. Un marchand de Lepin vint avec un panier d'oranges vertes et la nouvelle que la ville de Potino poussait des routes nouvelles comme une vigne têtue. Il dormit sur la véranda de Jovrel et but du café serré dans le creux argenté du matin.

Il raconta une histoire qui fit fumer la lampe : des soldats à la frontière avaient refoulé une caravane parce que les hommes avaient apporté des chansons au lieu de papiers. À Lepin, dit-il, les papiers étaient désormais plus sacrés que les noms. Il riait en le disant, mais pas avec les yeux.

Après son départ, Jovrel dit : « Même la forêt sent l'appel de la ville. » Son ton était à moitié émerveillement, à moitié dépit, celui d'un pêcheur qui voit la rivière choisir une autre bouche.

Sentemiz resta longtemps silencieuse. Puis :

« Les routes se souviennent de ceux qui les ont tracées. Les chansons se souviennent de ceux qui les ont chantées. Que les routes restent de leur côté. »

Vilton roula le mot Potino sur sa langue, une pièce polie par les doigts. Il ne savait pas pourquoi ce mot réveillait quelque chose en lui, pourquoi il avait le goût d'un mot qui, plus tard, pourrait l'appeler de loin. Il savait seulement qu'il avait un goût de métal et de pluie.

La maison apprit le calendrier des réparations : les griffures de mousson, les fissures de la saison assoiffée, la manière dont les termites s'annonçaient comme une neige silencieuse. Jovrel réparait ce qui montrait sa brisure. Sentemiz réparait ce qui ne la montrait pas : elle déplaçait les nattes d'une largeur de paume, changeait la ligne des étagères, repliait les linges en carrés plus serrés. Elle croyait aux angles. Elle croyait aux chemins d'arrivée de la malchance et à la contre-magie du réarrangement.

Une fois, elle surprit Vilton en train de tracer l'air du bout des doigts, imitant le vol d'une hirondelle par une ligne invisible.

« Qu'est-ce que tu dessines ? » demanda-t-elle, alerte comme une chatte.

« Le chemin qu'un oiseau prend pour ne pas être vu, » dit-il, se pensant malin.

Elle posa sa main sur la sienne.

« Les oiseaux sont vus par ce qui mange les oiseaux, » dit-elle. « Dessine le chemin qu'une graine prend. C'est plus sûr. »

Il essaya, mais les graines voyagent de trop de façons : vent, ruisseau, ventre de chèvre, cheveux de fille. Il dessina un cercle, puis un autre à l'intérieur. Le dessin devint un œil silencieux. Il l'effaça.

Certains jours s'allongent d'eux-mêmes, maintenus ouverts par une charnière invisible. En ce jour-là, la chaleur fit trois siestes et revint chaque fois plus certaine d'elle. Le ciel se décolora jusqu'à l'os. Les feuilles s'affaissèrent sous l'ennui de leur propre vert.

Une ombre s'arrêta à la barrière. Pas une personne, Sentemiz aurait levé la tête pour cela, mais un épaississement de l'air, un poids ajouté au vent.

Vilton, qui coupait des patates douces avec son père, leva les yeux le premier. Les chèvres s'étaient figées en plein mouvement ; leurs mâchoires suspendues dans cette pensée informe qui saisit les chèvres lorsqu'elles reconnaissent une forme-de-danger sans contour.

L'ombre passa. Le jour expira. Mais la maison garda son poids supplémentaire. Même lorsque le soir arriva, bleu et clément, la pièce conservait la mémoire d'un second midi.

« C'était quoi ? » demanda Vilton enfin.

« La chaleur, » dit Jovrel.

« Pas seulement la chaleur, » murmura Sentemiz, et la lumière de la lampe vacilla comme si quelqu'un avait soufflé sur son épaule.

« Le chagrin visite comme un climat, » dis-je aux papillons de nuit. « Parfois, c'est un vent sans porte à frapper. »

Il est difficile d'enseigner à un enfant les noms de ce qu'on refuse de dire. Pourtant, Sentemiz les lui enseigna.

Ceci est le calme, indiqua-t-elle, posant un bol d'eau au sol et tapant la surface jusqu'à ce que la peau se fige.

Ceci est le silence, montra-t-elle, soulevant le bol et buvant jusqu'à ce qu'il ne reste plus rien à trembler.

Ceci est l'oubli, elle aurait pu dire, mais ne dit pas, en enveloppant le bol vide dans un tissu et en le posant sur une étagère haute où la poussière le choisirait.

Vilton fit son propre dictionnaire.

Le calme était l'espace entre le battement de cœur de sa mère et le premier bruit de la cuillère contre la marmite le matin.

Le silence était la sensation de sa mâchoire après un rêve où il avait crié sans voix.

Oublier était une colline qu'on ne montait qu'une seule fois et qu'on ne retrouvait jamais, même en cherchant là où les pieds se souvenaient.

La nuit, lorsque les chauves-souris écrivaient une cursive noire dans le ciel et que les grenouilles répétaient leur seul mot vert, il restait éveillé et tentait d'imaginer ce qui vivait sous le plancher. Pas des dents et une gorge, pas des os, quelque chose de plus doux. Une pièce qui avait choisi de ne pas être une pièce. Un berceau qui n'avait jamais demandé d'enfant.

Il posa l'oreille sur la planche et entendit, quoi ? Son propre sang. Le lent craquement du bois qui approuve la température. Un petit clic, comme une perle trouvant son trou.

Et une fois, presque trop ténu pour être cru, un chant.

Trois notes, tombantes. La pensée incomplète d'un oiseau, rappelée par une maison.

Il leva la tête, le cœur au galop.

« Maman ? »

Elle inspira. « Dors, Vilton. »

Il ferma les yeux et ne dormit pas.

Au bord de la cour se dressait un poteau plus haut que Jovrel et plus ancien que la maison, vestige d'une clôture ou d'un projet oublié. Les jours sans vent, le poteau ne faisait rien ; les jours de vent, il murmurait, à peine, d'un ton différent de celui de la forêt. Une note de bouteille dans laquelle on souffle, ou le son qu'une gorge considère avant de pleurer.

Vilton prit une ficelle dans le tiroir où les ficelles dormaient et attacha dix coquillages au poteau. Quand la brise descendait le chemin, les coquilles tintaient en un rythme qui lui rappelait les clochettes de l'âne du marchand de Lepin : une patience en voyage.

Sentemiz observait depuis l'embrasure de la porte, la bouche pleine d'une pensée tue.

« Qu'il n'appelle que ce qu'il connaît, » dit-elle enfin.

« Et que connaît-il ? » demanda-t-il.

Elle regarda la forêt, le chemin de la rivière, la crête.

« Toi, » dit-elle.

Il brilla pendant une heure, peut-être deux. Puis la lueur se replia et se cacha là où les lueurs vont quand un garçon apprend qu'il doit les garder.

« Toutes les hantises ne sont pas un spectacle », je te le dis maintenant. « La plupart sont de l'entretien ménager. Une mémoire déplace une tasse d'un demi-pouce. Un courant d'air se souvient de la forme d'une fenêtre qui n'existe plus. Un garçon entend trois notes qu'une sœur morte d'un enfant mort a laissées dans l'air pour qu'il les trouve. »

« Le deuil générationnel est méticuleux. Il compte. Il plie. Il étiquette sans encre. C'est un registre équilibré avec des ombres. Cette maison en était soigneusement remplie. »

Le matin de son septième anniversaire, Jovrel sculpta pour Vilton un petit bateau : courbé comme une tranche de mangue, scellé de cire, un brindille en guise de mât. Il le posa dans une bassine et souffla une fois. Le bateau tourna comme s'il écoutait, puis choisit une direction, non pas vers l'évacuation, ni vers le coin. Vers la jointure du plancher.

Vilton rit de toutes ses dents.

Sentemiz regarda la petite voile refuser le courant de l'eau savonneuse et aller plutôt vers la planche qui disait *tonk*. Elle souleva le bateau et le sécha avec un coin de son tablier.

« Nous l'emmènerons au ruisseau », annonça Jovrel, ignorant la minuscule carte que le jouet venait de tracer. « Les bateaux appartiennent aux voyages. »

« Les voyages appartiennent au temps qu'il fait », répondit Sentemiz, et elle posa le bateau sur le manteau de la cheminée où il apprit à rester immobile.

Cette nuit-là, lorsque tout le monde dormit, le garçon grimpa sur la table, attrapa le bateau et le serra contre sa poitrine. Il murmura, non pas une question, non pas un mot, dans sa petite cavité, et il lui sembla que le bateau se réchauffait en réponse. Il le reposa, coupable de la sensation de prière.

Dehors, le vent changea de vallée. Le poteau émit une voyelle basse, et les coquillages tapèrent un petit « oui » que seuls les chèvres entendirent.

La journée s'acheva comme toutes les journées à Granbwa : le bleu glissait à travers le vert, une mince fumée de cuisson montait accueillir les papillons de nuit. Les planches du porche se souvenaient des pas. La marmite se souvenait de la première bulle.

Jovrel raccommodait un filet.

Sentemiz comptait les haricots.

Vilton pratiquait quatre notes sur sa flûte d'os, puis cinq, puis aucune.

Quand le premier hibou fit entendre sa voix depuis le bosquet, Sentemiz leva la tête comme si l'on venait de l'appeler par son nom. Elle rangea les haricots et s'essuya les mains sur un linge qui autrefois avait été blanc. Elle se tint au milieu de la pièce et inspira avec précaution, comme si l'air risquait de se briser.

« Viens », dit-elle à personne. Ou à quelqu'un qu'il ne pouvait pas voir.

Cela ne dura qu'un battement de cœur. Elle cligna des yeux, et la pièce redevint ordinaire.

Elle alla au foyer et ajouta un peu d'eau à la soupe, comme elle le faisait lorsqu'un invité inattendu arrivait seulement en mémoire.

Vilton sentit quelque chose passer à côté de lui, un courant qui sentait la canne, un frisson portant le rêve de quelqu'un d'autre. Il regarda la planche du plancher et la cheminée où le bateau reposait, brillant comme une pièce.

Il ne pensa pas à Potino alors. Il ne pensa pas à Kouret. Il pensa seulement aux portes et aux bouches et à la façon dont une maison peut garder en sécurité ce que personne ne nomme.

Il dormit, enfin, les mains ouvertes.

« Et voici à quoi ressemble un silence vu de l'intérieur », dis-je en baissant les lampes. « C'est une maison qui n'écho pas, une mère qui remue l'air jusqu'à l'épaissir, un garçon qui apprend à être une fenêtre sans verre. Il grandira, et la ville l'appellera, et sa bouche portera une langue qu'elle ne pourra dire. Mais pour l'instant, laisse-le avoir sept ans. Laisse les coquillages frapper. Laisse le bateau attendre. Laisse le plancher se souvenir. »

Chapitre Trois — Le Festin des Ombres

À Granbwa, le temps avançait en cercles, non en lignes.

Chaque saison revenait portant le parfum de sa propre souvenance : la même odeur de mangue pourrie dans les mêmes coins de la cour, la même rouille sur les clous de la même porte.

Et dans ce cercle, Vilton grandissait.

Il avait douze ans lorsqu'il commença à remarquer la distance entre le son et le silence, ces petits espaces que sa mère évitait. Il vit comment elle marquait une pause avant de franchir un seuil, comme si elle testait l'air pour y déceler un souvenir.

Elle ne lui avait jamais parlé de la nuit de Kouret, pourtant son ombre vivait dans sa posture, dans la façon dont ses épaules tressaillaient quand le tonnerre arrivait sans prévenir.

Quand elle marchait dans la maison, son ombre avait toujours une demi-seconde de retard, réticente à suivre.

Il se demanda si le silence avait un poids, et si c'était pour cela qu'elle se déplaçait comme quelqu'un qui monte toujours une pente.

Jovrel vieillissait lui aussi, même si son rire tentait de ne pas le montrer. Il passait de plus longues journées à réparer des bateaux, apprenant à Vilton l'art de la patience : comment le bois, si on l'écoute, révèle son propre désir de forme.

« Ne force jamais le fil du bois », disait-il en passant son pouce sur une courbe polie. « Il se souvient de la façon dont il a poussé. »

Vilton hocha la tête, mais la phrase resta en lui autrement que Jovrel ne l'avait prévu. Il pensa aux gens de la même manière, à la façon dont eux aussi pouvaient pousser selon la mémoire de leur propre naissance.

Les pluies se terminèrent tôt cette année-là, laissant la terre assoiffée mais l'air chargé. Le village décida que c'était un signe pour honorer les ancêtres, pour tenir un Festin des Ombres, la fête du souvenir où les tambours parlaient à la terre et invitaient le passé à manger parmi les vivants.

C'était la première fois depuis des années qu'une telle célébration était permise ; le vieux prêtre de Majoj déclara que la sécheresse était une punition pour avoir oublié.

Des lanternes furent suspendues dans le bosquet comme des lunes captives.

Les femmes firent cuire des gâteaux de manioc et mijoter le ragoût de chèvre.

L'air se remplit d'odeur de fumée et d'écorces d'agrumes.

Les enfants couraient, masques peints, appelant les esprits comme s'ils les défiaient de répondre.

Jovrel insista pour qu'ils y aillent.

« Nous nous sommes cachés assez longtemps, » dit-il. « Laisse les morts nous voir heureux pour une fois. »

Le visage de Sentemiz se durcit.

« Les morts voient tout, » murmura-t-elle en croisant les bras. « Ils n'ont pas besoin d'invitations. »

Vilton, à moitié adulte et plein d'agitation, se sentit déchiré entre eux :

l'élan de lumière de son père,

la loyauté à l'ombre de sa mère.

Quand le crépuscule arriva et que les tambours commencèrent, la forêt autour de leur maison vibra du rythme. Le sol lui-même semblait respirer.

Le pouls de Vilton s'y accorda avant même que son corps ne bouge.

Il suivit le son jusqu'au bosquet.

Le Festin brillait de feu et de visages.

Les hommes battaient les tambours en spirales, les femmes dansaient autour des flammes, leurs jupes s'ouvrant comme des pétales de fumée.

Le rythme était à la fois joie et deuil, rire enveloppé de plainte.

Vilton regardait, fasciné.

Chaque battement de tambour semblait un battement de cœur arraché à un autre siècle.

Les danseurs criaient les noms de leurs ancêtres, des noms qui montaient, disparaissaient, puis revenaient dans la bouche d'autres.

Il ne connaissait aucun nom à appeler.

Quelqu'un lui tendit une calebasse de vin de palme. Il but, et la brûlure dans sa gorge lui donna l'impression qu'une porte s'ouvrait.

Il dansa, d'abord maladroitement, puis librement, son corps se souvenant de gestes qu'il n'avait jamais appris.

L'air scintillait. L'espace d'une respiration, il crut voir une silhouette parmi les danseurs, une femme en tissu blanc, tenant quelque chose d'invisible dans ses mains.

Son visage se tourna vers lui, pas entièrement formé, mais familier comme la douleur est familière.

Il cligna des yeux et elle disparut.

Les tambours cessèrent.

Le silence soudain fut une blessure.

« Les esprits n'ont pas besoin de ta croyance pour venir », murmurai-je depuis les branches au-dessus de lui. « Ils n'ont besoin que de ton corps pour se souvenir. »

Il rentra tard, ses vêtements sentant le feu et la sueur. Sentemiz l'attendait à la porte, sa silhouette découpée dans la lumière de la lampe.

« Où étais-tu ? » demanda-t-elle.

Sa voix était calme, mais ses mains serraient la table si fort que ses jointures blanchissaient.

« Au Festin », répondit-il, encore à moitié dans son rêve. « J'ai entendu les tambours, je voulais voir. »

Son expression se vida, comme si l'on soufflait une bougie depuis l'intérieur.

« Tu es allé là où les morts sont nourris », chuchota-t-elle. « Et tu as ramené leur faim avec toi. »

Il ne comprit pas.

Elle s'approcha, toucha son visage, puis retira sa main comme brûlée.

« As-tu parlé ? » demanda-t-elle brusquement. « As-tu répondu quand ils ont appelé ? »

« Non, j'ai juste dansé. »

« C'est suffisant. » Sa voix se brisa. « Ils connaissent ton nom maintenant. »

Jovrel entra alors, las de sa journée.

« Ça suffit, Sentemiz. C'est un garçon. Laisse-le vivre comme un garçon. »

Mais elle s'était déjà détournée.

« Les garçons deviennent des hommes qui oublient pourquoi leurs mères avaient peur. »

Cette nuit-là, la maison refusa de dormir.

L'air bourdonnait faiblement, comme si les tambours avaient suivi Vilton jusqu'à la maison.

Dans ses rêves, il était à nouveau au Festin, mais cette fois, les masques n'avaient pas de visages derrière eux.

Les danseurs bougeaient sans bruit, leurs pieds s'enfonçant dans la cendre plutôt que dans la terre.

Au centre du cercle se tenait encore la femme en blanc.

Elle leva les mains, révélant le même tissu ensanglanté qu'il avait déjà vu serré dans les mains de sa mère.

Quand elle parla, sa voix venait de partout :

« Nous t'attendions pour te souvenir. »

Il se réveilla en haletant, la peau froide.

La lampe près du lit vacilla une fois, puis s'éteignit.

Du sol, sous la vieille planche qui sonnait toujours autrement, parvint un faible tapotement.

Comme des doigts contre le bois.

Trois fois, puis le silence.

Vilton resta immobile, écoutant.

Le son ne revint pas, mais l'air avait changé, épaissi, attentif.

Il se tourna vers la chambre de sa mère.

À travers la mince paroi, il l'entendit murmurer.

Les mots n'appartenaient à aucune langue qu'il connaissait.

Au matin, les yeux de Sentemiz étaient bordés de rouge. Elle ne dit rien en servant le petit-déjeuner. Jovrel fredonnait pour combler le silence. Vilton ne pouvait rien avaler ; un goût de cendre lui tapissait encore la langue.

Quand il leva enfin les yeux, Sentemiz le regardait. « Si tu rêves encore, dit-elle doucement, ne suis pas. »

Il voulut demander : suivre quoi ? Mais elle s'était déjà tournée vers le feu.

Après qu'il fut parti pour l'école, elle se rendit à la planche du plancher. Elle la souleva, prit la boîte en bois et la serra contre elle. Pour la première fois depuis des années, elle l'ouvrit.

À l'intérieur reposaient les reliques de sa première vie : le tissu desséché, la pierre de rivière, et un petit papier plié, un nom écrit à l'encre, aujourd'hui fanée au brun.

Elle le contempla longtemps avant de murmurer : « Tu l'as retrouvé. »

Puis elle brûla le papier dans l'âtre. La flamme s'en saisit aussitôt, comme avide de le consumer.

Quand Jovrel rentra ce soir-là, elle se contenta de dire : « La maison a commencé à se souvenir. »

Il ne demanda pas ce qu'elle voulait dire.

Dans les nuits qui suivirent, Vilton l'entendit souvent, ce son faible, rythmique, presque doux.

Trois notes, tombantes. Le même motif que le chant d'oiseau que sa mère avait un jour suivi dans la forêt.

Parfois, cela venait de sous le plancher. Parfois, de l'intérieur même de sa poitrine.

Il essaya de le reproduire sur sa flûte d'os, mais aussi doucement qu'il souffle, le son sortait faux, trop aigu, trop humain.

Quand il demanda à son père s'il l'entendait, Jovrel sourit. « C'est le vent, fils. »

Mais Vilton connaissait le vent.

Ceci était un souffle sans corps.

Ceci était un souvenir qui tentait de chanter.

« Les morts ont de la patience, dis-je à la maison. Ils peuvent attendre des générations. Ce sont les vivants qui tremblent. »

Quand les pluies revinrent, Vilton commença à rêver de villes, de Potino, de routes qui brillaient comme des rivières sous les lampes.

Il voulait étudier, voir le monde au-delà de Granbwa, échapper au silence qui pesait sur les murs de sa maison.

Jovrel l'encourageait. « Tu as des mains qui construisent et un esprit qui ne cesse de questionner, dit-il. Va, quand le moment viendra. »

Sentemiz ne dit rien. Mais la nuit où Vilton évoqua cette idée, elle resta éveillée jusqu'à l'aube, ses doigts retraçant le contour de la boîte en bois sous le plancher.

Au lever du soleil, elle murmura : « Toute route commence par un oubli. »

Il ne l'entendit pas. Il rêvait déjà d'ailleurs.

« Et ainsi le cercle se resserre, dis-je, observant l'enfant qui danse avec des fantômes qu'il ne connaît pas encore.

La mère qui fuit son reflet, le père qui répare ce qui devrait se briser, l'enfant qui porte à la fois le silence et le chant. »

« La Fête est terminée, mais la faim demeure. La blessure apprend un nouveau nom, elle se fera appeler amour, ou ambition, ou devoir. Mais sous chacun d'eux, le feu dort encore. »

Partie II

L'Écho (L'Ère de Vilton)

Chapitre Quatre — Leçons d'immobilité

Personne ne se souvient exactement du matin où Vilton quitta Granbwa, seulement de la couleur de la lumière : un or emprunté, comme si le soleil lui-même hésitait à le laisser partir.

Les chèvres bêlèrent trop tôt. Le poteau au bord de la cour, son ancien poste de vent orné de coquillages, resta muet.

C'est ainsi que Sentemiz sut que le moment était venu.

Il partit léger : une petite malle, un couteau offert par Jovrel, trois carnets reliés de fil de palme, et la flûte d'os qui ne jouait jamais l'air qu'il voulait.

Potino se trouvait à deux jours par la route et à un jour par le fleuve, mais la distance ne se comptait pas en lieues : elle se comptait au nombre de fois où une mère ne salue pas.

Sentemiz resta dans l'embrasure de la porte, les bras refermés autour d'une absence.

Elle ne le bénit pas, ne le mit pas en garde, ne pleura pas.

Elle dit seulement :

— N'oublie pas de manger.

Jovrel tapa l'épaule de son fils.

— Écris, dit-il. Même si tu n'envoies pas les lettres.

« Et le garçon marcha dans le matin, murmurai-je, emportant avec lui le silence autant que la faim du son. »

Potino n'était pas une ville, mais une conversation constante : métal contre pierre, roue contre route, bouche contre promesse.

Le port sentait le sel et l'ambition. Les gens s'y hâtaient comme poursuivis par leurs propres ombres.

Vilton trouva d'abord du travail comme assistant dans un atelier de menuiserie près des docks.

Il réparait des meubles appartenant à des inconnus, des chaises qui avaient vu des disputes, des tables qui avaient connu des fêtes.

Le bois, découvrit-il, était le même partout : il préférait la patience.

Le soir, il assistait aux cours du collège mécanique, où des hommes aux yeux brûlants parlaient de progrès et de mesures, de l'avenir comme d'une chose qu'on pouvait tenir immobile avec assez de fer.

Il écoutait, prenait des notes, parlait peu.

Il comprit vite qu'à Potino, parler trop pouvait coûter un ami, mais que le silence gagnait le respect.

Les autres étudiants prirent son mutisme pour de la sagesse.

Il les laissa faire.

Chaque dimanche, Vilton écrivait une lettre à sa famille. Il y décrivait les barges du fleuve, l'odeur de la pluie sur les toits de tôle, la façon dont les lumières de la ville se rassemblaient comme des insectes autour des tours du port.

Il terminait chaque lettre par : « Je vais bien », sans jamais être sûr que ce soit vrai.

Il ne les envoyait jamais.

Elles remplissaient une boîte sous sa couchette, chacune scellée avec soin, chacune adressée de la même écriture précise.

Une nuit, après avoir écrit, il rêva de la maison de Granbwa.

Il vit la planche du plancher se soulever, la boîte en bois s'ouvrir, et à l'intérieur, ses propres lettres, déjà jaunit, déjà revenues.

À son réveil, ses mains sentaient légèrement la fumée.

« Même les mots non envoyés voyagent, rappelai-je au lecteur. Ils trouvent leur chemin par les veines, les rêves, les espaces entre les générations. »

Au collège, Vilton fut remarqué par un professeur plus âgé, Maer Rody, un homme persuadé que la précision était une forme de salut.

Maer avait construit des horloges pour tous les districts de Potino.

Il disait qu'une ville ne devenait civilisée que lorsque chacun craignait la même heure.

— Tu travailles comme si le temps te devait quelque chose, dit-il un jour en le regardant polir l'armature d'un engrenage.

— Il ne te doit rien. C'est toi qui dois au temps. Le secret, c'est de garder une avance sur ta dette.

Vilton acquiesça, comprenant plus qu'il ne voulait l'admettre.

Il se mit à se lever plus tôt, à parler moins, à respirer en intervalles mesurés.

L'immobilité devint sa monnaie ; la précision, sa prière.

Mais parfois, tard la nuit, lorsque les horloges sonnaient à l'unisson dans tout le port, il sentait l'écho se décaler, une cloche en retard, une autre trop hâtive.

Cette minuscule imperfection le fascinait autant qu'elle l'effrayait.

Elle sonnait presque humaine.

Sa chambre louée donnait sur une ruelle étroite où les chats se disputaient et où les marchands chantaient leurs fruits.

À l'intérieur, pourtant, aucun son ne restait longtemps.

Il gardait les murs nus.

Il mangeait simplement.

Il ne jouait de la flûte que lorsque le brouillard marin était assez épais pour étouffer les regrets.

Les voisins allaient et venaient. Il mémorisait leurs pas, leurs querelles, leurs rires, sans jamais s'y mêler.

Pour eux, il était poli et distant : le jeune artisan de Granbwa aux yeux qui mesuraient les choses trop attentivement.

Un soir d'hiver, une femme, Maréla, qui vendait des herbes sur le coin, lui apporta du thé.

— Pour le froid, dit-elle.

Il la remercia, mais sa gentillesse le déstabilisa.

Il savait réparer le bois, pas la chaleur humaine.

Lorsqu'elle repartit, il resta longtemps debout, à observer la petite spirale de vapeur au-dessus de la tasse, ressentant l'étrange poids d'être vu.

Il plut durant sept jours sans interruption. Potino se brouillait en un unique reflet gris. Le travail cessa ; les bateaux restèrent amarrés ; l'air sentait la rouille et le pain détrempé.

Vilton passa ces jours-là à réparer sa flûte, à en racler les bords, à chercher une note plus pure. La septième nuit, la mélodie vint, trois notes descendantes.

Il se figea.

Le même motif que dans la maison de Granbwa, le même son qu'il avait entendu sous le plancher.

Il le rejoua, lentement. Chaque note ressemblait au contact d'un souvenir qu'il ne parvenait pas à voir.

La dernière vibration trembla, puis s'effaça, comme avalée.

Cette nuit-là, il rêva de sa mère, debout au bord de la rivière, l'appelant à travers l'eau sans bouger les lèvres.

À son réveil, sa fenêtre était ouverte alors qu'il l'avait verrouillée.

Le sol était mouillé par une pluie qui portait une légère odeur de cendre.

À vingt-quatre ans, Vilton devint le plus jeune artisan à concevoir une horloge pour le Hall du Commerce.

Son nom parut dans la gazette de la ville, petit, mais visible.

Il sourit pour la photographie, et même cela lui sembla une transgression.

Le succès lui apporta ce qu'il craignait le plus : l'attention.

Des hommes l'invitèrent à prendre la parole lors de déjeuners. Il parla brièvement, formellement.

Des femmes lui demandèrent de danser. Il s'inclina et refusa.

On le surnomma le génie silencieux de Granbwa.

Il en rit une fois en l'entendant, car ils confondaient l'absence avec la grâce.

À l'intérieur, l'agitation grandissait.

Il arpentait le port la nuit, écoutant les différents tics des horloges de la ville, ces minuscules désaccords du temps.

Il pensait à sa mère, à la boîte cachée, au silence qu'elle portait comme un bijou.

Il se demanda s'il n'était pas devenu une autre version de sa promesse : ne jamais dire ce qui fait mal.

Un soir, alors que la lune se levait, cuivrée, au-dessus de l'eau, il alluma une bougie et commença une nouvelle lettre, non pas à ses parents, mais à la présence sans nom qui hantait ses rêves.

Il écrivit :

« Si j'ai hérité de ton silence, dis-moi ce qu'il voulait. Si j'ai volé ta voix, pardonne-moi. Je t'entends dans la pluie, et j'ignore si tu es mémoire ou culpabilité. »

Il lut les mots à voix haute. L'air changea.

Une goutte de cire tomba sur la page, brouillant la dernière phrase.

Il laissa la lettre non scellée, et au matin, elle avait disparu.

Aucun courant d'air ne l'avait déplacée.

Personne n'était entré.

Seul subsistait un léger parfum de bois brûlé.

« La confession est une forme de hantise », dis-je doucement. « Une fois les mots prononcés, ils ne partent pas, ils tournent, attendant la prochaine bouche assez courageuse pour se souvenir. »

Les années se plièrent d'elles-mêmes. Vilton apprit à porter le silence comme d'autres portent la réputation.

Il fabriqua des horloges, forma des apprentis, rentra chez lui à travers un brouillard qui connaissait son nom.

Quand on lui demandait s'il était heureux, il répondait : « Je suis serein », car la sérénité était un silence qui tenait mieux debout.

Pourtant, parfois, dans le rythme des engrenages, il percevait quelque chose de faux, une pulsation irrégulière, un battement caché dans le mécanisme.

Il s'arrêtait, les mains suspendues, et écoutait.

Puis, comme toujours, il rectifiait jusqu'à ce que tout obéisse.

Mais le son demeurait, bas et fidèle, sous chaque chose qui tique et qu'il touchait.

« Le garçon est devenu l'homme que sa mère demandait aux prières et redoutait à la fois, » te dis-je. « Il vit à l'abri dans la cage qu'elle a construite, ses barreaux faits de discipline et de bon travail. La blessure est silencieuse maintenant, mais les blessures silencieuses poussent des racines. Un jour, une autre voix l'atteindra, une voix de femme, vivante, curieuse, intrépide face au bruit. Et lorsque cela arrivera, l'écho s'éveillera. »

Chapitre Cinq — Le Pont des Noms

Chaque ville possède au moins une personne capable de réarranger son air. À Potino, cette personne était Ena de Lepin.

Elle arriva un matin de marché, les doigts tachés d'encre et un panier de registres au bras. Elle fut engagée par le Bureau des Routes Commerciales, une division qui mesurait la distance non pas en miles, mais en confiance. Sa tâche consistait à dessiner les rivières telles qu'elles étaient, et non telles qu'on les souhaitait : tracer la vérité sinueuse de la géographie.

Vilton la vit pour la première fois au quai où se rassemblaient les charpentiers. Elle se tenait près d'une bitte d'amarrage, esquissant la courbe d'une barge à quai, ses cheveux relevés par un crayon de roseau. Une petite tache de graphite barrait sa joue comme une comète ayant décidé de rester.

Il ne parla pas.

Il observa la manière dont elle s'arrêtait après chaque trait, attendant que la forme confirme son existence, de la même façon qu'il écoutait le bois pour trouver sa coupe préférée.

« La reconnaissance n'est pas toujours un éclair », murmuré-je. « Parfois, c'est un miroir qui respire doucement. »

Ils se retrouvèrent une semaine plus tard, à un étal qui vendait des bananes plantains rôties. Elle comptait la monnaie ; lui comptait les secondes.

Le vendeur laissa tomber une pièce. Ils se penchèrent tous deux pour la ramasser.

Quand leurs mains se frôlèrent, aucun ne détourna le regard.

Ena parlait avec aisance ; Vilton écoutait avec profondeur.

Elle lui parla de Lepin, sa ville natale, bâtie à l'endroit où quatre rivières se rencontrent sans jamais s'accorder sur qui possède la mer.

Elle était partie parce que les cartes dessinées par des hommes effaçaient toujours les femmes qui portaient l'eau.

« Je dessine ce qui refuse de rester immobile », dit-elle. « C'est pour ça que j'aime les rivières. Elles se souviennent de la forme de chaque main qui a tenté de les retenir. »

Il sourit, à peine.

« Je construis des choses qui doivent rester immobiles, sinon elles se brisent. »

Elle l'étudia, une ligne se formant entre la curiosité et la pitié.

« Et toi ? Tu restes immobile, ou tu sais juste mieux faire semblant que les autres ? »

Il ne répondit pas, mais quelque chose bougea dans sa poitrine — un mouvement minuscule, comme l'aiguille d'une horloge avançant à peine perceptiblement.

Ils se virent souvent après cela, sous l'ombre du pont de Kayport, où les marchands attachaient leurs bateaux et où les enfants faisaient ricocher des pierres sur l'eau brune.

Il apportait sa flûte ; elle apportait un carnet.

Leurs silences commencèrent à rimer.

Les mois passèrent.

Vilton se surprit à construire une petite horloge pour le bureau d'Ena, rien d'élaboré : juste un cercle de bois poli jusqu'à ce qu'il retienne la lumière comme de l'eau.

Quand il la lui offrit, elle la fit tourner dans ses mains, sourit et demanda :

« Quelle heure préfère-t-elle ? »

« Aucune », répondit-il. « Elle attend. »

Elle rit. « Alors elle est plus patiente que moi. »

Ce fut la première fois qu'il prit sa main sans calcul.

Plus tard, alors qu'ils rentraient à pied dans les ruelles étroites du Vieux Quartier, elle lui confia que dans sa famille, chaque enfant recevait deux noms : un pour le monde, un pour la rivière la plus proche de sa naissance.

« Le nom-monde est pour appeler », dit-elle. « Le nom-rivière est pour se souvenir. »

« Quel était le tien ? » demanda-t-il.

« Ena », répondit-elle, « et Nali, pour la rivière qui a failli inonder notre maison le jour de ma naissance. »

« Et toi ? » demanda-t-elle après une pause. « As-tu un nom-rivière ? »

Il pensa à Granbwa, à la Kayeli où sa mère avait traversé l'exil.

Il secoua la tête.

« Non. Dans ma famille, on ne nomme pas ce qui emporte les choses. »

Elle hocha la tête comme si elle comprenait, même si personne ne le pouvait vraiment.

Le pont de Kayport devint leur rituel.

Il arrivait le premier, appuyé contre la rambarde, regardant les lumières de la ville se briser en reflets sur l'eau.

Elle venait quelques minutes plus tard, carnet sous le bras, les cheveux à moitié défaits par la brise.

Parfois ils parlaient de cartes et d'horloges, parfois de rien du tout.

C'était dans ces silences que quelque chose comme de l'amour grandissait, non pas bruyant ou rapide, mais régulier, comme la mousse qui recouvre la pierre.

Un soir, la pluie menaça sans tomber.

Ena le regarda et demanda :

« Te demandes-tu parfois si le silence est un choix ou une blessure ? »

Il hésita.

« Les deux. »

« Alors toi, tu es lequel ? »

Il n'en savait rien.

Il l'embrassa à la place.

« Et ainsi, un autre écho commença », murmuré-je au-dessus du pont. « Non pas celui de la guerre, mais du toucher : l'invasion plus douce qui remodèle le cœur. »

Vilton n'avait jamais prévu de se marier. Il ne croyait en la permanence qu'en tant que principe d'ingénierie.

Mais Ena avait cette façon de rendre l'immobilité temporaire.

Un après-midi, lorsque le Bureau la muta vers un nouveau bureau près des collines de l'ouest, elle dit, à moitié en plaisantant :

« Si tu veux continuer à me voir, tu ferais mieux de me donner ton nom. On trace plus facilement un mari à travers les districts qu'un amant. »

Il la regarda, surpris.

« Mon nom n'est qu'un pont », dit-il.

« Alors laisse-moi le traverser », répondit-elle.

Ils se marièrent discrètement cet hiver-là, lors d'une cérémonie à laquelle n'assistaient que deux amis et le vent.

Il portait la chemise de son père ; elle portait un ruban teint dans l'eau d'une rivière.

Aucun vœu ne fut prononcé à voix haute. Ils se contentèrent de se tenir côte à côte jusqu'à ce que l'officiant acquiesce.

C'était suffisant.

Leur maison était petite, pleine de lumière.

Ena l'emplissait de cartes, de croquis, de rires. Vilton l'emplissait de travail minutieux et d'un silence mesuré.

Pendant un temps, cet équilibre tint : sa voix était le courant, son silence la rive.

Mais au fil des années, le courant commença à ronger la berge.

Ena demandait : « À quoi penses-tu ? »

Il répondait : « À rien qui vaille la peine d'être dit. »

Et chaque fois qu'il le disait, quelque chose qui valait la peine d'être dit mourait entre eux.

Il l'aimait, farouchement, sans mots, mais l'amour sans voix est une lente sécheresse.

Lorsqu'elle tomba enceinte, elle riait malgré la nausée, traçait des cercles sur son ventre et disait :

« Je crois que ce sera une fille. »

Vilton sourit et ne dit rien, craignant que l'espoir, une fois prononcé, ne disparaisse.

La tempête grondait la nuit où l'enfant arriva.

La sage-femme affirma que le vent lui-même semblait aider, secouant les fenêtres, pressant le travail.

Quand les pleurs du bébé déchirèrent enfin l'air, Ena pleura et murmura :

« Elle est là. »

Vilton demeura figé, submergé par ce son.

C'était le premier bruit pur à entrer dans leur maison, fragile, exigeant, vivant.

Ils la nommèrent Tipiti, du nom de la grand-mère d'Ena, un mot qui signifiait lumière tissée.

Ena traça les lettres dans la paume du bébé et ajouta doucement :

« Son nom-rivière viendra plus tard, quand elle trouvera son courant. »

Vilton embrassa le front de l'enfant, puis se détourna pour que personne ne voie les larmes appartenant à une autre génération.

« Les morts se penchèrent tout près cette nuit-là », dis-je. « Non pour maudire, mais pour témoigner. Ils virent, dans les petits poumons de cet enfant, une chance pour la blessure de respirer autrement. »

La parentalité transforma Ena rapidement et Vilton lentement.

Elle chantait en allaitant, racontait des histoires de rivières qui parlaient, d'oiseaux qui nichaient dans les nuages.

Lui travaillait plus longtemps, sculptant de nouveaux mécanismes, comme si la précision pouvait les protéger.

Mais le silence revint, rampant.

Certaines nuits, il se réveillait pour trouver Ena assise près du berceau, fredonnant doucement, les yeux brillants de larmes.

Quand il demandait pourquoi, elle répondait :

« Je ne sais pas. Parfois la joie donne l'impression de se tenir sur la tombe de quelqu'un d'autre. »

Il ne comprenait pas, pas encore, mais la phrase resta en lui comme une écharde.

Le bébé remua, soupira, se rendormit.

Dehors, le tonnerre roulait au-dessus du port.

Un an plus tard arriva une lettre, écrite de la main tremblante de Jovrel :

« Ta mère est malade. La fièvre va et vient. Elle demande à te voir. »

Vilton la lut trois fois avant de la plier.

Ena posa une main sur son bras. « Tu devrais y aller. »

« Je ne peux pas. L'atelier. »

« C'est ta mère. »

Il ne répondit pas.

Cette nuit-là, il rêva de la maison de Granbwa, de la boîte sous le plancher, du tapotement sous son lit lorsqu'il était enfant.

À son réveil, l'horloge accrochée au mur s'était arrêtée.

Ses aiguilles pointaient vers une heure qui n'existait pas.

Il réserva une place sur un bateau dès le lendemain matin.

« Le pont a été traversé », dis-je. « Deux silences se sont rencontrés et ont appelé cela de l'amour, et entre eux un enfant respire maintenant. La blessure est plus douce, mais elle n'a pas disparu. Elle attend, dans les berceuses et dans la façon dont son père oublie de répondre aux questions simples. Bientôt, le cercle tournera de nouveau, retournera à Granbwa, retournera à la boîte, retournera à la vérité que le silence n'est jamais vide. Il est toujours le début d'un son qui n'a pas encore osé naître. »

Chapitre Six — La Boîte d'Air

La route vers Granbwa était la même et n'était plus la même.

Elle serpentait à travers les collines basses comme une vieille cicatrice, guérie, mais jamais lisse.

Vilton voyageait seul en charrette, les roues claquant contre les pierres polies par des décennies de départs. Il transportait une petite malle, une boucle de corde, et une horloge qu'il avait fabriquée pour sa mère des années auparavant mais qu'il n'avait jamais livrée.

Elle faisait un tic-tac trop fort dans le silence.

L'air s'épaissit à mesure que la forêt commença, humide, verte, insistante. Chaque feuille semblait respirer. Plus il approchait de la maison, plus le silence changeait : ce n'était plus du vide, mais de la reconnaissance.

Il atteignit le bord de la cour au crépuscule.

La véranda s'affaissait légèrement. Le poteau avec les coquillages suspendus tenait encore, mais les ficelles s'étaient depuis longtemps effilochées.

Une seule coquille cognait dans le vent, lente et incertaine.

À l'intérieur, Jovrel était assis près du foyer. Ses cheveux étaient plus blancs, ses yeux plus petits, rétrécis par le deuil et l'âge.

« Elle est en haut », dit-il. « Certains jours elle me reconnaît, d'autres jours elle est déjà avec ses fantômes. »

Vilton posa l'horloge sur la table.

« Elle dort ? »

« Elle dérive, » répondit Jovrel. « Comme une feuille qui ne sait pas encore où tomber. »

Il monta les escaliers.

Chaque marche se souvenait différemment de son poids.

En haut, la porte de la chambre de sa mère était entrouverte ; l'odeur d'herbes et d'huile de lampe flottait dans l'air.

Sentemiz reposait sous une couverture tissée, le visage tourné vers la fenêtre. Le vent faisait bouger légèrement le rideau, laissant entrer le murmure faible de la forêt.

Quand il murmura son nom, ses paupières frémirent.

« Vilton », dit-elle, les syllabes sèches comme du papier.

Un instant, il crut la voir sourire.

Il s'assit près d'elle, prenant cette main fragile qui, autrefois, l'avait nourri de silence.

« C'est moi, Maman, » dit-il doucement. « Je suis rentré. »

Elle hocha la tête ; ses yeux sans focus.

« Rentré... », répéta-t-elle, comme si elle testait le mot pour y déceler des fissures.

Puis, après une longue pause :

« La rivière a pris ton père d'abord dans un rêve. Je l'ai vu. Maintenant elle m'attend. »

Il voulut lui dire que Jovrel était en bas, vivant, réparant des filets par habitude, mais les mots s'emmêlèrent dans sa gorge.

Il comprit qu'elle ne parlait pas du temps, mais de la mémoire, de ce genre de mort qui commence avant que le corps sache qu'elle a débuté.

« Les mourants voient plus que les vivants ne peuvent supporter, » murmuré-je. « Ils commencent à entendre la langue qui se cache sous les mots. »

Pendant deux jours, Vilton resta.

Il répara le toit, nettoya la cour, fixa une porte qui ne fermait plus. Le travail tenait la douleur à distance.

La nuit, il s'asseyait près de la fenêtre et écoutait le bourdonnement de la forêt.

Une fois, il sortit la petite horloge de son sac et la remonta.

Elle se mit à tictaquer, régulière d'abord, puis plus lente, puis plus du tout.

Il ouvrit le panneau arrière : ni poussière, ni défaut. Pourtant, elle refusait de bouger.

Il la laissa sur la table de chevet de sa mère.

Au matin, les aiguilles avaient reculé d'une heure.

Il ne la retoucha plus.

Le troisième jour, la fièvre s'aggrava. Sentemiz oscillait entre lucidité et murmures.

Parfois elle appelait des noms qu'il ne connaissait pas ; parfois elle s'adressait directement à lui.

« Tu as ses yeux », dit-elle une fois, en le regardant sans vraiment le voir.

« Les yeux de qui ? » demanda-t-il.

« De celle que j'ai perdue. Celle que le feu a gardée. »

Il se figea.

Elle tendit la main vers le mur, comme pour caresser le visage d'un enfant.

Puis elle murmura : « Il y a une boîte sous le plancher. Ne l'ouvre que si le silence se brise. »

Il se pencha. « Maman, quel silence ? »

Mais elle avait déjà refermé les yeux.

Cette nuit-là, le tonnerre roula sur les collines, comme lorsqu'il était enfant. La pluie s'infiltra par le toit en minces filets.

Il resta assis dans l'obscurité, les comptant un à un, sentant chaque goutte frapper le sol comme un mot qu'on n'a jamais prononcé.

Cela arriva sans bruit.

Avant l'aube, le vent changea de direction ; la forêt se tut.

Quand Jovrel entra dans la chambre, la couverture s'était affaissée dans le creux que son corps avait laissé.

Ses yeux demeuraient entrouverts, fixant quelque chose au-delà du plafond.

Vilton se tenait près du lit, engourdi.

Il ne ressentait ni chagrin ni apaisement, seulement une étrange légèreté, comme si un souffle longtemps retenu venait enfin de s'échapper.

Ils l'enterrèrent sous le vieux fromager, l'endroit même où elle craignait la foudre autrefois.

Les racines enserraient la tombe comme des bras généreux.

Lorsque le prêtre demanda si quelqu'un souhaitait parler, Vilton ouvrit la bouche, mais aucun mot ne vint.

« La parole est lourde quand on la porte seul », lui soufflé-je depuis les feuilles. « Mais il apprendra que le silence aussi a un poids. »

Après l'enterrement, Jovrel dit : « Elle t'a laissé quelque chose. »

Il désigna la planche près de l'âtre, celle qui avait toujours sonné différemment.

Vilton s'agenouilla.

Il fit levier et souleva la planche.

La poussière s'éleva comme un souffle. Dessous reposait une boîte en bois, gravée de symboles qu'il reconnaissait à peine.

Elle était plus légère qu'il ne l'imaginait, et pourtant ses bras tremblaient lorsqu'il la prit.

Le couvercle s'ouvrit sans résistance.

À l'intérieur :

un morceau de tissu plié, taché de brun par les années ;

un galet de rivière, lisse ;

et un paquet de lettres écrites dans la calligraphie ondoyante du Kouret, une langue qu'il ne savait pas lire.

Pas de bijoux, pas d'explication, aucune clôture.

Juste la gravité d'objets qui refusaient de se justifier.

Il leva une lettre vers la lumière. Le papier sentait la fumée et les herbes.

Sur le pli extérieur, un seul mot, en encre presque effacée : Pour celui qui se tait.

Il sentit l'air quitter sa poitrine.

Il remit chaque chose à sa place, referma le couvercle et s'assit en arrière, à genoux.

Dehors, la pluie reprit, régulière, patiente.

Cette nuit-là, il rêva de la boîte posée ouverte sur la table.

Une colonne de fumée s'en échappait, se tordant en silhouettes, en visages, en mains, en portes.

Chaque forme murmurait son nom, encore et encore, jusqu'à ce que le son devienne un battement de cœur.

Il se réveilla avec la boîte sur les genoux.

Il était pourtant certain de l'avoir laissée sous le plancher.

Le couvercle était fermé, mais en y posant l'oreille, il entendit un faible écho, comme une respiration.

Il l'emporta dehors, sous le fromager.

La pluie cessa dès que le bois toucha la terre.

Il chuchota : « Si tu veux te reposer, repose-toi. Si tu veux parler, parle. »

La boîte poussa un minuscule soupir, puis se tut.

Au matin, Vilton annonça à Jovrel qu'il retournerait à Potino.

Du travail l'attendait : des tâches à finir, des apprentis, des horloges à construire.

Jovrel hocha la tête, trop fatigué pour protester. « Prends sa pierre », dit-il. « Pour le poids qu'elle portait. »

Vilton glissa le galet dans sa poche.

Il était frais contre sa peau, plus lourd qu'il n'en avait l'air.

En quittant la cour, les coquillages du vieux carillon frémirent.

Trois notes, descendantes.

Il s'arrêta, se retourna, et inclina la tête devant la maison qui avait élevé à la fois l'enfant et ses fantômes.

« Il croit partir », murmuré-je depuis les arbres, « mais il emporte tout avec lui : le silence, les lettres, la graine du prochain écho. »

De retour à Potino, la vie reprit son rythme.

Ena l'accueillit à la porte, Tipiti endormi dans ses bras.

Il les embrassa tous deux, sans s'étendre.

En déballant ses affaires, il trouva la pierre, le tissu et — il en aurait juré autrement — la boîte elle-même.

Elle reposait sur la table, sèche, sans trace de pluie.

Il la glissa dans le tiroir de son établi et le referma doucement.

Ce soir-là, en remontant les horloges de l'atelier, l'une d'elles se mit à battre une demi-seconde derrière les autres.

Il écouta, sourit malgré lui, et murmura : « Très bien, alors. »

Pour la première fois, il ne corrigea pas l'erreur.

« La boîte a changé de mains, mais non de sens », dis-je, l'observant à travers le verre des années.

« Le silence respire désormais dans le bois, dans l'enfant et dans l'homme.

Le serment de la mère a traversé la rivière, et le fils l'a transformé en temps lui-même.

L'air contenu dans cette boîte patientera jusqu'à ce qu'une autre main ose l'ouvrir.

Alors seulement, l'histoire se souviendra de sa voix. »

Partie III
L'Éveil

Chapitre Sept — L'Enfant des Échos

Potino était devenue bruyante. De nouveaux rails coupaient le port, de nouvelles tours chassaient les mouettes. L'air lui-même vibrait de commerce, comme si le temps s'était multiplié.

Dans un quartier en hauteur, surplombant les docks, vivait une petite fille qui ne dormait pas quand la ville devenait trop silencieuse.

Tipiti avait sept ans l'année où elle se mit à demander où allaient les rêves quand les gens se réveillaient. Elle posait la question au petit-déjeuner, à la fontaine, une fois même à un chat de passage. Sa mère, Ena, souriait et disait que les rêves étaient têtus, qu'ils attendaient.

Son père, Vilton, ne disait rien, mais sa main se crispait sur la tasse.

La nuit, quand le vent portait l'odeur de la mer, Tipiti jurait qu'elle entendait de la musique sous le plancher. Trois notes, tombantes. Elles la calmaient plus que les berceuses. Elle ne le dit jamais à personne ; cela ressemblait à un secret du monde.

« Chaque enfant né du silence doit d'abord inventer sa propre langue », je murmure. « Les plus sages le font avec du son. »

Les cartes d'Ena couvraient les murs : rivières bleues, côtes vertes, routes pointillées. Tipiti dessinait dessus à la craie : des oiseaux, des yeux, des spirales.

« Laisse-la faire, » dit Ena à Vilton. « Elle ajoute ce que le monde oublie. »

Il acquiesça, mi-amusé, mi-mal à l'aise. Il avait bâti sa vie en mesurant ; sa fille, elle, vivait en "dé-mesurant". Parfois, il la trouvait à écouter près de la fenêtre, la tête inclinée, comme si elle décryptait l'air.

« Qu'est-ce que tu entends ? » demanda-t-il une fois.

« La maison qui respire, » répondit-elle. « Elle soupire quand tu n'es pas là. »

Il se détourna vite. Il n'y avait rien à réparer.

Un après-midi, Tipiti rentra de l'école pâle et silencieuse. Ena s'agenouilla près d'elle.

« Il y avait un homme dehors, » dit Tipiti. « Il a dit que mes yeux ressemblaient à quelqu'un qu'il connaissait avant. »

« Qu'as-tu fait ? »

« Je lui ai dit que moi non plus, je ne le connaissais pas. »

Ena sourit, mais le sourire trembla. Ce soir-là, elle en parla à Vilton ; il écouta et dit : « Probablement un étranger. La ville en est pleine. »

Mais plus tard, seul à son établi, il ouvrit le tiroir où dormait la boîte en bois. Son couvercle avait légèrement bougé, comme déplacé par un souffle. À l'intérieur, les lettres frémissaient, alors qu'aucun vent ne soufflait.

Il la referma et murmura : « Pas elle. S'il te plaît, pas elle. »

Quand Tipiti eut dix ans, Vilton commença à lui apprendre comment reconnaître l'heure par le son, comment deviner une heure à son écho.

Il la fit s'asseoir près d'une petite horloge et dit : « Compte l'espace entre les tic-tac. C'est là que la vie se cache. »

Elle écouta, les sourcils froncés. « On dirait quelqu'un qui attend. »

Il sourit faiblement. « Oui. »

Au bout d'un moment, elle demanda :

« Papa, qui est-ce qu'ils attendent ? »

Il regarda le tiroir fermé et faillit répondre. Puis il dit plutôt :

« Toi, pour que tu dormes. »

« La vérité frappe toujours d'abord sous la forme d'une question d'enfant, » je murmure, « et les adultes barricadent la porte avec la raison. »

Ena remplit un bocal de lucioles pour Tipiti, un soir humide, couvrant le couvercle d'un tissu pour qu'elles puissent respirer.

Tipiti le posa près de son lit. La douce lueur battait comme un cœur.

« Chaque lumière est la mémoire de quelqu'un, » dit Ena, mi-sérieuse, mi-joueuse. « Elles viennent avant la pluie. »

Cette nuit-là, une tempête surgit, soudaine et féroce. Le tonnerre secoua les fenêtres ; le bocal tomba et se brisa.

Quand Tipiti se réveilla, les lucioles avaient disparu. Il n'en restait qu'une, flottant près du tiroir de bois avant de s'éteindre.

Elle crut entendre alors une voix de femme, douce, presque chantante, appelant un nom qu'elle ne connaissait pas. Le matin venu, elle demanda à sa mère qui était « Sentemiz ».

Ena se figea. « Où as-tu entendu ça ? »

Tipiti montra l'air. « Dans le tonnerre. »

Vilton laissa tomber sa tasse ; elle se fendit en deux, net.

Après cette nuit, des murmures commencèrent à suivre Tipiti. Pas inquiétants, curieux. Elle les entendait dans le bourdonnement des tramways, dans la pause entre deux vagues. Parfois ils ne disaient que son nom. Parfois ils fredonnaient les trois notes descendantes.

Ena l'emmena chez un médecin, qui déclara que l'enfant avait « une oreille interne trop active ».

Vilton ne dit rien, mais ses mains tremblèrent en remontant ses horloges.

Ce soir-là, Tipiti trouva le tiroir déverrouillé. La boîte en bois était ouverte, le vieux tissu soigneusement replié dessus.

Sur la face intérieure du couvercle, quelqu'un avait gravé : Souviens-toi pour moi.

Elle toucha la gravure. Le bois était tiède.

« Le passé ne disparaît pas, » je lui dis. « Il change de porte. »

Pour un devoir d'école, Tipiti dessina son arbre généalogique. Au lieu de branches, elle dessina des rivières, l'une se divisant en deux, puis en ruisseaux plus petits.

Au sommet de la page, elle écrivit :

Granbwa – Kouret – Potino – Moi.

Son enseignante fronça les sourcils.

« Ce ne sont pas des lieux du manuel. »

« Ce sont les endroits où va mon sang, » répondit-elle.

À la maison, Vilton resta longtemps à contempler le dessin.

« Où as-tu appris ces noms ? »

« Ils sont venus pendant que je coloriais. »

Il voulut la gronder, lui dire de ne pas prononcer ces noms qui brûlaient encore, mais il plia plutôt la feuille et la glissa dans sa poche, près du galet de rivière qu'il portait toujours.

Cette nuit-là, il rêva de l'eau montant à travers les lattes du plancher, chaque courant murmurant le nom de l'enfant.

À douze ans, Tipiti avait appris la flûte.

Elle jouait doucement au crépuscule, pendant que son père travaillait et que sa mère cartographiait.

La mélodie était toujours la même suite de trois notes, et pourtant différente chaque fois, vivante, curieuse.

Un soir, un voisin qui passait s'arrêta pour écouter.

« Ta petite a une vieille âme, » dit-il.

« On dirait qu'elle rappelle quelque chose. »

Vilton répondit :

« Ou qu'elle le renvoie. »

Le voisin rit et reprit son chemin.

Mais les mots restèrent.

Cette nuit-là, toutes les horloges de l'atelier de Vilton s'arrêtèrent d'un coup.

Il voulut les relancer, mais chaque balancier demeurait immobile, comme à l'écoute d'un son que lui seul ne pouvait entendre.

Chapitre Huit — Le Coup

Tout commença un matin ordinaire à Potino, baigné de la lumière claire qui suit la pluie.

Les horloges de l'atelier tintaient dans une harmonie presque parfaite, leurs aiguilles glissant sur le temps comme si rien au monde ne pouvait dévier.

Vilton polissait un pendule lorsque cela se produisit :

un frémissement dans l'air, un souffle qui se dérobe.

Il voulut saisir la table, mais la force quitta son bras.

Le chiffon tomba en premier, puis le corps qui le tenait.

Le bruit fut ténu, presque poli, le son d'une vie qui se replie sur elle-même.

Quand Ena le trouva, son visage avait basculé d'une étrange manière, un œil clair, l'autre lointain.

Il tenta de parler, mais les mots sortirent en éclats, des consonnes sans ancre, des syllabes en mal d'air.

Les médecins appelèrent cela un AVC.

Un mot propre et froid pour ce qui brise la chair autant que le sens.

« Et ainsi l'homme qui vivait de silence, » je murmure,

« fut réduit au silence par son propre corps. »

La maison changea de forme dans les semaines qui suivirent.

Chaque recoin semblait écouter.

Chaque objet, tasse, chaise, fenêtre, rejoignit la veille silencieuse.

Ena traversait les pièces comme quelqu'un qui réapprend la gravité.

Tipiti revint de Senpye, ses études abandonnées en plein trimestre.

Elle trouva son père plus petit que dans ses souvenirs, ses mains autrefois si sûres frémissant désormais comme des oiseaux pris au piège.

Quand elle embrassa son front, il sourit, mais seule une moitié de sa bouche obéit.

Il essaya de prononcer son nom.

Ce fut un souffle :

Ti... ti...

Elle acquiesça.

« Je suis là. »

Il sourit encore, soulagement, excuse, peut-être quelque chose de plus profond.

Cette nuit-là, elle resta assise près de son lit.

Le tic-tac des horloges n'était plus un réconfort.

Chaque battement semblait un cœur mesuré à l'indifférence du temps.

« Il y a des silences choisis, et des silences imposés, » murmurai-je. « Celui-ci n'était ni l'un ni l'autre. Il était hérité, accompli. »

Tipiti apprit à parler à son père sans mots.

Elle effleurait son poignet lorsqu'il avait besoin d'eau, guidait sa main lorsqu'il voulait écrire.

Le crayon tremblait entre ses doigts, laissant derrière lui des traces de demi-lettres, des fragments de pensées trop lourdes pour la page.

Parfois, elle lui lisait les vieux livres qu'il aimait, les manuels sur les mécanismes, les essais sur la précision.

Il écoutait les yeux clos, comme si le rythme de sa voix reconstruisait quelque chose en lui.

Le soir, Ena s'asseyait près d'eux, silencieuse, une carte ouverte sur ses genoux.

Mais même ses cartes commençaient à se troubler : des rivières se croisaient là où elles n'auraient jamais dû, des villages disparaissaient sous son stylo.

Toute la maison semblait oublier comment se nommer.

Un après-midi, tandis qu'Ena se reposait, Tipiti entreprit de trier les tiroirs : factures, actes, formulaires médicaux, reçus.

L'encombrement pratique de la survie.

Au fond d'un meuble, elle trouva une petite boîte métallique contenant de vieilles clés d'atelier et, dessous, une enveloppe pliée portant l'inscription : « Domaine – Granbwa ».

Elle l'ouvrit avec précaution.

À l'intérieur, il y avait des titres de propriété, une lettre non signée, et tout au fond, une note jaunie, écrite de la main de son père dans sa jeunesse :

« Si quelque chose arrive, regarde sous le plancher. »

Son cœur se serra.

Elle monta au grenier.

Il était toujours là, le coffre en bois qui avait hanté son enfance, le gardien de toutes les choses tues.

La poussière s'y était déposée en épaisse couche, mais les gravures restaient nettes.

Quand elle le toucha, l'air devint plus froid, comme si le temps lui-même retenait son souffle.

Elle hésita.

La dernière fois qu'elle avait ouvert ce coffre, la maison avait changé à jamais.

Mais, debout dans la pénombre du grenier, elle ne ressentit aucune peur, seulement une étrange tendresse.

Elle s'agenouilla, souleva le couvercle.

À l'intérieur, parfaitement conservées, se trouvaient les lettres de Sentemiz, liées par un ruban décoloré, et dessous une vieille carte de Kouret, aux bords déchirés, à l'encre fanée, mais encore lisible.

Sa respiration se suspendit.

Au centre de la carte, un nom était entouré de rouge : Latwazon.

Le mot pulsa dans son esprit comme un battement de cœur.

« Latwazon, » murmurai-je dans les chevrons. « Le lieu où la mémoire attend d'être retrouvée. »

Elle redescendit, posa le coffre près du lit de son père.

« Papa, » dit-elle doucement. « J'ai trouvé quelque chose. »

Les yeux de Vilton s'ouvrirent : confusion, puis reconnaissance, puis peur.

Elle déplia la carte et montra du doigt. « Tu connais ce nom ? »

Il cligna des yeux rapidement, tenta de former des mots.

Seul un son en sortit : La… twa… son…

Sa main trembla lorsqu'il toucha le cercle rouge, comme s'il s'y attendait.

Des larmes montèrent.

Il tenta encore de parler, échoua.

Alors, avec un effort immense, il posa la paume sur sa poitrine et articula sans voix : Va.

Tipiti posa sa main sur la sienne. « J'irai. »

Il sourit, un sourire tordu, mais lumineux.

Pour la première fois depuis l'AVC, son corps se détendit, comme s'il n'avait attendu que sa promesse.

Plus tard, alors que la ville dormait, Tipiti resta assise à son chevet, lisant l'une des lettres de Sentemiz.

Les mots tremblaient dans l'air, lourds et lumineux :

« Il existait un lieu où le feu a commencé, et un chemin qu'il a suivi dans la forêt.

Ils l'appelaient Latwazon, le tournant, là où la miséricorde avait décidé qu'il était trop tard. »

Elle regarda son père.

Sa respiration était lente, profonde, paisible.

Elle comprit alors que certaines blessures ne se referment pas ; elles deviennent des instructions.

« Le deuil ne finit pas, » murmurai-je. « Il change de direction. »

Au matin, elle commença à préparer son sac.

Un petit bagage. Un carnet. La carte de Kouret.

Elle embrassa sa mère.

« Où vas-tu ? » demanda Ena.

« Trouver le commencement. »

Ena acquiesça lentement, comme si elle avait toujours su que ce moment viendrait.

« Alors donne-lui une fin », dit-elle.

Avant de partir, Tipiti se rendit une dernière fois à l'atelier.

Les horloges, autrefois chaotiques, battaient désormais à l'unisson, un chœur discret et régulier.

Son père était assis près de la fenêtre, à demi éveillé, regardant la lumière danser sur le sol.

Elle posa une main sur son épaule.

Il leva les yeux et, bien que sa bouche ne pût former le mot, ses yeux le dirent clairement : Va.

Lorsqu'elle franchit le seuil, une brise traversa la porte ouverte, faisant tinter doucement les horloges, comme des applaudissements.

« Et ainsi, » dis-je, « le silence envoya son messager.

Le corps cède ; la lignée persiste.

La bouche se ferme ; l'histoire s'ouvre.

Tout silence, porté assez longtemps, réclame un nouveau voyageur. »

« Latwazon attend, le cercle rouge tracé sur une carte, le lieu où naquit la blessure, l'endroit où une petite-fille marchera vers le feu non pour brûler, mais pour voir. »

« Et moi, j'y serai, à l'angle de la rivière, là où tous les échos recommencent. »

Le jour le plus chaud de l'année, Tipiti s'évanouit en classe.

Elle dit plus tard que l'air avait « replié » sur lui-même et que quelqu'un lui avait murmuré à l'oreille : Ouvre la boîte.

Ena lui interdit de répéter ces mots.

Vilton tenta de cacher sa peur, mais, cette nuit-là, il monta le coffre au grenier.

Le lendemain, un rayon de soleil traversa la fenêtre et projeta sur le mur, juste au-dessus du lit de Tipiti, l'ombre parfaite du coffre.

Elle en traça le contour du doigt.

C'était chaud.

« L'héritage est malin, » murmurai-je. « Il n'utilise pas toujours le sang ; parfois, il passe par la lumière. »

« L'enfant des échos est maintenant éveillée, » dis-je, me tenant au bord de ses rêves.

« Elle porte trois générations dans sa petite poitrine : la fuite, le silence, l'oubli.

La blessure a appris à parler à travers sa musique.

Bientôt, elle posera la question qui brise le cercle : non pas *qu'est-il arrivé ?* mais *pourquoi avons-nous cessé de le dire ?* »

« Lorsqu'elle demandera, je répondrai.

Et l'histoire respirera pour nous tous. »

Chapitre Neuf — La Langue des Morts

L'année où Tipiti eut quinze ans, Potino commença à inonder de l'intérieur.

La pluie tombait même quand le ciel restait clair ; des flaques apparaissaient là où il n'y avait pas d'eau.

Certains disaient que la ville pleurait son propre oubli.

Dans la maison de Granbwa, près du port, les fuites revinrent d'abord dans les rêves :

des gouttes sous son oreiller, des pas sur le plafond.

Les tempes de Vilton s'étaient couvertes de gris ; le rire d'Ena était devenu fragile, un son soutenu par l'habitude.

Tipiti passait de plus en plus de temps seule dans le grenier, où la poussière traçait ses propres constellations.

Elle disait qu'elle aimait le calme.

Personne ne remarquait qu'elle apprenait à écouter autrement.

« Les enfants du silence savent lire les tempêtes, » murmurai-je.

« Ils entendent la différence entre un vent qui passe et un vent qui se souvient. »

Un après-midi, alors que ses parents se disputaient en bas au sujet de l'argent et des réparations, Tipiti sentit un appel, non une voix, mais une certitude.

Elle monta l'échelle du grenier, trouva le tiroir sous les vieux draps et posa sa main sur le coffre en bois.

Il était plus chaud que l'air ambiant.

Elle suivit les gravures du doigt, les symboles effacés.

Une fente dans le couvercle céda légèrement, juste assez pour révéler des coins de papier.

Un instant, elle hésita, on lui avait répété toute sa vie que certaines choses devaient rester fermées.

Puis elle pensa : si le silence était protection, pourquoi faisait-il si mal ?

Elle souleva le couvercle.

À l'intérieur : le tissu plié, la pierre de rivière polie, les lettres écrites dans l'écriture de Kouret, les lignes courbées comme des branches.

Son cœur fit un sursaut violent.

Elle ne reconnaissait pas la langue, mais les formes lui semblaient familières, comme si elles l'attendaient depuis longtemps.

À l'école, un nouvel enseignant venu de Senpye, un linguiste, proposait d'initier les élèves aux écritures anciennes.

Un jour, Tipiti resta après la classe et apporta l'une des lettres cachée dans son cahier.

« Où as-tu trouvé ça ? » demanda-t-il.

« Ma grand-mère l'a laissée, » répondit-elle prudemment. « Mais personne ne sait la lire. »

Il examina le texte.

« Du vieux Kouretan. Peu de gens l'utilisent encore.

Ce sont des lettres d'amour... non, des prières... non... les deux. »

Il se mit à traduire à voix haute :

« À l'enfant qui fut emporté,

j'écris pour que tu ne disparaisses pas deux fois.

Si tu vis, souviens-toi de mon nom.

Si tu meurs, pardonne-moi d'avoir survécu. »

Il s'arrêta.

« Celui qui a écrit cela était désespéré. »

La gorge de Tipiti se serra.

Elle récupéra la lettre doucement.

« Pouvez-vous m'apprendre ? » demanda-t-elle.

Il sourit.

« C'est une langue difficile. »

« Je crois qu'elle me connaît déjà », répondit-elle.

Elle le rencontra en secret deux fois par semaine.

Les mots devinrent des ponts, puis des rivières.

Chaque symbole, autrefois opaque, se mit à briller de sens.

Elle les copia dans ses cahiers, les souffla dans sa flûte.

Quand elle put lire seule, elle retourna au grenier et déplia une autre lettre.

L'écriture, plus faible maintenant, tremblante, disait :

« Ils ont brûlé tout sauf le nom.

Je l'ai enterré pour que le vent ne puisse pas le voler.

Si tu trouves cela, dis-lui que je n'ai jamais voulu oublier. »

Les pronoms la troublaient : ils, lui, je.

Elle ne savait pas encore que l'autrice était Sentemiz, et que *lui* désignait son père enfant, le second fils, le survivant d'un silence qu'il n'avait jamais demandé.

Au dîner, elle observa ses parents autrement.

Sa mère cartographiait toujours le monde en cercles ; son père mesurait encore le silence comme du temps.

Elle se demanda s'ils savaient qu'ils construisaient chacun un mur par peur.

Un jour, elle demanda :

— Papa, pourquoi on ne va jamais à Granbwa ?

Il se figea. Il n'y a rien là-bas.

— Il y a un arbre, dit-elle. Avec des racines qui se souviennent.

Il la regarda vivement. Qui t'a dit ça ?

Elle ne répondit pas.

Ena brisa la tension d'un rire qui sonnait comme du verre.

— Laisse-la. C'est une rêveuse.

Mais une fois Tipiti couchée, ils se mirent à se disputer en chuchotant, des mots qu'elle ne pouvait pas entendre, seulement sentir.

« Quand la vérité commence à bouger, » dis-je doucement, « elle fait d'abord trembler les murs de la maison. »

Tipiti se mit à dessiner sa propre carte : non pas des rivières ou des villes, mais des échos, des lieux auxquels elle se sentait liée sans les avoir jamais vus.

Kouret, Granbwa, Majoj, Potino, des noms qui lui venaient comme de la musique.

Elle épingla les lettres sur la carte, chacune dépliant un peu plus l'histoire.

La dernière qu'elle traduisit disait :

« Il existe une rivière qui se souvient de chaque traversée.

Si tu la remontes, tu trouveras l'endroit où le silence a commencé. »

Elle la recopia dans son carnet et entoura le mot Kayeli, la rivière de la fuite de sa grand-mère.

Cette nuit-là, elle rêva d'une femme marchant dans l'eau avec un paquet dans les bras.

La femme se retourna et murmura :

« Tu étais la chanson que je n'ai pas pu terminer. »

Tipiti se réveilla en pleurant sans savoir pourquoi.

Quand elle finit par dire à ses parents qu'elle étudiait les lettres, la pièce se figea.

Le visage de Vilton pâlit.

— Tu l'as ouverte ?

— Oui.

— Tu n'en avais pas le droit.

— J'en avais tous les droits, dit-elle en tremblant. C'est mon sang.

Ena tenta d'intervenir. — Vilton—

Mais il frappa la table de la main. Cette boîte aurait dû rester fermée. Tu ne comprends pas ce qu'elle portait !

Tipiti se leva. Alors dis-le-moi.

Il ne dit rien.

La vieille blessure dans sa poitrine, celle qui portait le nom du silence, s'ouvrit de nouveau, mais aucun son n'en sortit.

« C'est ainsi que meurent les vérités, » murmurai-je.

« Pas par le feu, mais par les pères. »

Cette nuit-là, toutes les horloges de l'atelier de Vilton s'arrêtèrent exactement à la même seconde.

L'air s'épaissit, la pluie commença à tomber, et quelque part dans la maison, une porte grinça toute seule.

Tipiti monta au grenier.

La boîte brillait faiblement de l'intérieur, comme si l'air qui s'y trouvait s'était changé en lumière.

Elle s'agenouilla, les mains tremblantes, et murmura les mots kouretans qu'elle avait appris :

« Dis-moi qui nous sommes. »

La lumière s'éteignit peu à peu, ne laissant qu'une seule image dans son esprit :

la silhouette d'une femme courant dans la fumée, un enfant serré contre elle.

Derrière eux, une forêt verte et sans fin.

Quand elle revint à elle, la boîte était vide.

Au matin, elle dit à ses parents qu'elle partait pour Senpye, pour étudier les langues de façon formelle.

— J'ai besoin de comprendre d'où viennent ces mots, dit-elle. Je crois qu'ils m'attendent.

Vilton voulut protester, mais il vit dans ses yeux la même douceur obstinée qui appartenait jadis à sa mère.

Il hocha la tête. Si tu y vas, promets-moi une chose.

Elle attendit.

— Ne cherche pas les fantômes. Cherche les histoires.

Elle sourit légèrement. Quelle différence ?

Il ne répondit pas.

« La langue des morts a trouvé une langue vivante, » dis-je en la regardant monter sur le bac qui descendait la rivière.

« Elle lira les prières jamais envoyées, les vœux cachés, les mensonges de miséricorde qui ont bâti sa lignée. Chaque lettre qu'elle déchiffre libérera un silence de sa prison. »

« Mais la liberté a un prix. Lorsqu'elle connaîtra toute la vérité, elle devra choisir : pardonner, ou se souvenir pour toujours. »

Partie IV

La Guérison

Chapitre Dix — Retour à Kouret

Le bateau venant de Senpye suivit l'ancienne route commerciale vers l'est jusqu'à ce que le fleuve s'élargisse et que la terre recommence à parler.

Tipiti s'adossa au bastingage et écouta.

L'eau changeait de couleur là où deux courants se rencontraient, l'un brun de limon, l'autre vert comme du verre.

Dans cette jointure, elle sentait une autre pulsation, plus ancienne que le bateau, plus ancienne que le temps.

Le passeur dit :

« C'est la Kayeli. Elle a englouti des villes entières et en redemande encore. »

Tipiti sourit légèrement.

« Elle a juste faim de noms. »

Il rit sans comprendre.

« Chaque descendant doit traverser la même eau deux fois, » je murmure.

« Une fois pour naître, une fois pour se souvenir. »

Kouret se trouvait au-delà d'une crête de collines basses.

Ce qu'il restait de l'ancienne cité n'était qu'un squelette : des puits de pierre, des murs à demi ensevelis, des herbes plus hautes qu'un homme.

Une poignée de familles y vivaient encore, gardant leurs chèvres parmi les ruines.

Elles appelaient l'endroit *Les Champs de Cendre*.

Tipiti les traversa lentement, carnet à la main.

L'air sentait le fer et la pluie.

Chaque pas soulevait des fantômes de poussière qui s'attachaient à sa peau comme des questions.

Au centre de ce qui avait autrefois été une place se dressait un pilier noirci, gravé de noms, la plupart effacés par le temps.

Elle s'agenouilla et traça du doigt l'un des rares encore lisibles : Sentemiz.

Le sol sembla respirer sous elle.

Dans un village voisin, elle rencontra un vieil archiviste nommé Laro, gardien des vestiges de Kouret : notes, cartes, journaux brûlés, fragments de témoignages.

Il était presque aveugle, mais savait encore réciter les dates par cœur.

« Ils ont brûlé le quartier sud en premier, » dit-il en tournant les pages fragiles d'un registre.

« Ils appelaient cela une purification. Nous, nous l'appelons par son nom : effacement. »

Il lui tendit un document déchiré.

L'écriture était la même que celle des lettres de la boîte.

En haut, on lisait : Inventaire des Disparus.

En dessous, ligne après ligne de noms.

À côté de certains, une marque en forme de flamme.

À côté d'autres, rien du tout : l'absence répertoriée comme un objet.

La gorge de Tipiti se serra.

Elle désigna une ligne : Enfant, sexe masculin, non confirmé.

Laro hocha la tête.

« La plupart n'ont jamais été retrouvés.

Certains ont fui dans la forêt de Granbwa.

Certains... »

Il s'interrompit, toussant.

« Certains ont vécu ensuite si silencieusement que même l'Histoire les a oubliés. »

Elle recopia soigneusement la page dans son carnet.

Chaque lettre ressemblait à une pierre qu'on soulève d'une tombe.

À l'extérieur des ruines se trouvait un petit autel fait de pierres du fleuve et de cire fondue.

Une femme âgée l'entretenait, allumant des mèches pour les inconnus.

Tipiti lui offrit une pièce, puis demanda :

« On prie qui, ici ? »

La vieille femme sourit.

« Pas *qui*. *Pour*.

Pour ceux qu'on n'a pas pu enterrer. »

Lorsque Tipiti lui dit qu'elle était la petite-fille de Sentemiz, le sourire de la femme vacilla.

« Elle a traversé la rivière, » murmura-t-elle. « Nous pensions qu'elle s'était noyée. Mais la forêt l'a accueillie. Certains disaient qu'elle en était devenue une part. »

Elle glissa la main dans son tablier et en sortit un talisman : un minuscule paquet de fil rouge et de cendre, enveloppé de tissu.

« Ta grand-mère a donné ceci à ma mère avant l'incendie. Elle a dit qu'il se souviendrait d'elle si elle-même ne le pouvait plus. »

Tipiti le reçut à deux mains.

Le talisman était chaud, vibrant faiblement, comme un petit cœur.

« Les reliques ne sont que des chagrins qui ont refusé de pourrir, » soufflé-je à ses côtés.

« Porte-les avec soin ; elles mordent lorsqu'on les oublie. »

Cette nuit-là, elle dormit dans la hutte de l'archiviste et rêva la ville à nouveau entière.

Les rues étaient lumineuses, les marchés pleins de chants.

Puis l'air changea ; le feu éclot comme un second soleil.

À travers la fumée, elle vit une jeune femme—sa grand-mère, courant avec un bébé serré contre sa poitrine.

La femme trébucha, cria un nom, et confia l'enfant à une autre silhouette dissimulée par les flammes.

Puis tout se dissout en lumière.

Quand Tipiti se réveilla, ses mains sentaient la fumée, et ses joues étaient mouillées de larmes qui n'étaient pas entièrement les siennes.

Dans les ruines du temple, elle trouva une boîte en fer rouillé coincée entre deux pierres.

À l'intérieur, miraculeusement au sec, reposait un morceau de papier, écrit de la même écriture enroulée que les autres.

« À celui ou celle qui trouvera ceci.

Pardonne le silence que je laisse derrière moi.

Je n'ai pas pu dire à mon fils qu'il avait un frère de fumée.

Je n'ai pas pu dire au monde qu'une mère peut aimer deux fantômes à la fois. »

L'encre avait coulé par endroits, comme si la page avait pleuré.

Tipiti la relut encore et encore, jusqu'à ce que les mots se transforment en la forme d'une berceuse.

Pour la première fois, elle comprit que la immobilité de son père n'était pas une absence mais un héritage : l'écho d'un deuil plus ancien que son nom.

Le troisième jour, la pluie tomba sans prévenir.

Elle fut si forte que la rivière déborda, engloutissant les ruines basses.

Les villageois fuyaient vers la colline, emportant ce qu'ils pouvaient ; Tipiti aida l'archiviste à se mettre à l'abri, serrant son carnet contre sa poitrine.

Quand la pluie cessa, l'eau demeura, une mer peu profonde couvrant la moitié de l'ancien Kouret.

De sa surface montèrent des bulles, puis un long souffle, comme si la terre elle-même exhalait.

Alors le nom de Vilton s'imposa à elle, clair comme une cloche.

Elle murmura à la rivière : « Je lui dirai. »

Le courant répondit par trois notes descendantes.

Des semaines plus tard, elle monta à bord d'un bateau pour retourner à Potino.

Ses cheveux sentaient la pluie et la cendre.

Son carnet était plein, ses pages gondolées par l'eau.

Ena et Vilton l'attendaient au quai, plus âgés, inquiets, soulagés.

Elle les embrassa tous deux et dit simplement : « Je sais. »

Vilton trembla.

« Que sais-tu ? »

« Que le silence était ton héritage, pas ta faute.

Mais il s'arrête avec moi. »

Il détourna le regard, des larmes glissant sans qu'il s'en rende compte.

« Les vivants doivent parfois pardonner aux morts d'avoir survécu, » murmuré-je,

« et se pardonner eux-mêmes de se souvenir. »

Ce soir-là, Tipiti posa la boîte en bois sur la table entre eux.

Elle déplia la dernière lettre et la lut à voix haute.

Sa voix tremblait, mais elle ne s'arrêta pas.

Quand elle eut fini, Ena pleurait doucement.

Vilton ferma les yeux.

« Je pensais que me taire te protègerait, » dit-il.

« Ça n'a protégé que la blessure, » répondit-elle.

Il tendit la main, posa la sienne sur celle de sa fille, et dit pour la première fois de sa vie :

« Raconte-moi tout. »

Et elle le fit.

La maison écouta.

Moi aussi.

« Le cercle se brise maintenant, » dis-je,

« non pas dans le bruit, mais avec ce son le plus simple : une famille qui respire ensemble pour la première fois. »

« Les cendres sont toujours dans le sol, mais elles ne possèdent plus l'air.

La rivière se souvient, oui, mais elle a appris un nouveau courant. »

« Il y aura d'autres générations, et leurs silences seront différents, plus petits, plus doux, supportables.

Mais en chacune d'elles, trois notes tomberont, rappelant que la guérison, elle aussi, a son écho. »

Chapitre Onze — Le Chant de Tayina (Forêt de Granbwa)

Le chemin vers Granbwa avait presque disparu, avalé par les lianes et le silence.

Depuis bien des années, personne ne l'avait parcouru sans crainte.

Mais Tipiti ne portait pas sa direction sur du papier : elle la portait dans ses os, dans la mémoire des pas laissés par ceux qui avaient fui avant elle.

Dans sa besace, elle transportait une petite pochette de terre de Kouret, noire et fine comme de l'encre.

Elle avait été prélevée au bord de la rivière, près de Latwazon, là où l'histoire de sa grand-mère avait commencé et brûlé.

À présent, cette même terre rentrait chez elle.

La forêt l'accueillit avec un silence empreint d'émerveillement.

Une brume basse flottait, transformant la lumière en quelque chose de sacré.

Les arbres se penchaient légèrement sur son passage, comme s'ils reconnaissaient son ombre.

« Chaque retour est un acte de clémence, » murmuré-je. « Même pour la terre. »

Au cœur de la forêt se dressait le plus vieil arbre de Granbwa, massif et noueux, ses racines étendues comme les doigts d'un dieu endormi.

Nul ne connaissait son âge—il était plus ancien que les frontières, plus ancien que le deuil.

Tipiti s'agenouilla à ses côtés, écarta la mousse et toucha l'écorce.

Elle palpita faiblement sous sa paume, semblable à un battement de cœur.

Elle sourit. « Tu te souviens. »

Elle sortit les lettres de sa besace, ces feuilles fragiles de mémoire, et les déposa dans un petit renfoncement à la base de l'arbre.

Puis elle versa la terre de Kouret par-dessus, noire sur le vert, jusqu'à ce que les papiers disparaissent.

Elle enfonça ses mains dans la terre.

« C'est la dernière traversée, » dit-elle.

« Plus de fuite. Plus de cachettes. Nous reposons ici maintenant. »

L'air s'épaissit, chaud et vivant.

Un vent se leva sans raison, tournoyant vers le ciel, portant l'odeur de la fumée et de l'eau du fleuve.

La lumière commença à circuler entre les arbres, d'abord en éclats, puis en formes stables.

Un par un, les esprits des ancêtres apparurent.

Ils n'étaient pas des fantômes, mais des silhouettes lumineuses, faites d'air et de souvenir.

Chacun portait l'écho d'un nom autrefois prononcé, d'un visage oublié.

En leur centre se tenait Sentemiz, radieuse et apaisée, les lignes d'inquiétude effacées de son visage.

Elle tendit les mains, paumes ouvertes.

Derrière elle, d'autres se rassemblaient, innombrables, sans nom, infinis.

Tipiti tomba à genoux.

La lumière changea encore, se creusant en or.

De cette clarté émergea une femme ni jeune ni vieille, ses cheveux une rivière de feuilles d'argent, ses yeux de la couleur du crépuscule.

Sa voix parvint avant sa forme, un bourdonnement issu des racines elles-mêmes.

« Je suis Tayina Granbwa, » dit-elle.

« Le souffle entre ce qui fut et ce qui sera.

Tu as porté mon nom, enfant, même sans le savoir. »

Tipiti releva le visage, des larmes ruisselant librement.

« Je viens rendre ce qu'ils n'ont pu garder. »

Tayina sourit, et la forêt devint plus lumineuse.

« Tu as fait plus que rendre.

Tu as transformé. »

Un silence tomba, si complet qu'il vibrait.

Puis Tayina se mit à chanter.

Ce n'était pas un chant de mots, mais de son pur, des tonalités tissées à travers les feuilles et l'eau, à travers l'os et le souffle.

Chaque note portait la mémoire des générations, chaque pause une libération.

Les arbres répondirent : branches frémissantes, racines soupirant.

Les autres esprits se joignirent à elle.

La voix de Sentemiz monta, fine mais limpide, suivie par d'autres jusqu'à ce que la forêt devienne une immense chorale, une harmonie de tout ce qui avait été perdu, chantant à nouveau son intégrité.

Tipiti pleura jusqu'à en trembler.

Ses larmes tombèrent dans la terre et disparurent, absorbées comme de la pluie.

C'étaient les premières larmes que sa lignée avait versées depuis des décennies,

la première offrande née non de la douleur, mais du soulagement.

Lorsque le chant s'éteignit, Tayina s'agenouilla devant Tipiti et prit ses mains.

« Enfant, » dit-elle doucement, « tu as porté le silence assez longtemps.

Il ne t'appartient plus. »

Tipiti hocha la tête, frissonnante.

« Qui suis-je alors, si je ne suis pas la blessure ? »

Tayina sourit, un sourire comme l'aube dans la brume.

« Nous ne sommes pas nos blessures, » dit-elle.

« Nous sommes les mains qui les referment. »

À ces mots, la forêt sembla expirer.

L'air devint plus léger. La lumière, argentée puis douce.

Les esprits s'effacèrent un à un, non pas en disparaissant, mais en redevenant le monde :

le vent, les racines, le rythme du sol.

Tipiti resta agenouillée longtemps après leur départ.

La terre sous elle était humide mais chaude.

Elle posa son front contre le sol et murmura :

« Merci. »

Quand elle se releva, le creux à la base de l'arbre s'était refermé, scellé par une nouvelle mousse.

Au-dessus, une unique fleur blanche avait éclos, là où il n'en poussait jamais.

Elle la toucha doucement.

Ses pétales étaient translucides, frémissant d'une musique invisible.

« Voilà à quoi ressemble la guérison, » dis-je.

« Discrète, presque imperceptible, mais irrésistible. »

En quittant la forêt, la rivière tout près se mit à murmurer trois notes, montantes et descendantes, la mélodie de sa famille.

Elle se retourna une dernière fois vers l'arbre.

Une brise porta la voix de Tayina jusqu'à son oreille, à peine plus qu'un souffle :

« Va, enfant des échos.

Vis bruyamment maintenant. »

Puis, le silence.

Non pas lourd, mais vaste, comme un ciel ouvert.

Chapitre Douze — Le Poids Levé (De nos jours)

Le matin se déploie lentement à Granbwa, un matin qui semble plus ancien que le jour lui-même.

La brume glisse entre les racines du grand arbre, tissant des fils d'argent dans son ombre.

L'air sent la terre humide, les fruits verts, et autre chose encore, quelque chose d'humain, de tout juste né.

Tipiti est assise au pied du même arbre où elle avait autrefois enterré les lettres de ses ancêtres.

Sa fille, âgée de quelques semaines à peine, dort contre sa poitrine, enveloppée d'un tissu fin de la couleur de la lumière filtrant à travers l'eau.

La forêt fredonne doucement, attentive.

Il n'y a pas de cérémonie aujourd'hui, pas de prière.

Seulement une mère, un enfant, et la cadence tranquille d'une respiration, la forme d'adoration la plus ancienne.

Elle passe sa main dans la terre.

Elle est chaude.

Elle se souvient de l'époque où elle était froide.

« Le temps a adouci ses bords, » je murmure à travers les feuilles.

« Même les blessures finissent par devenir tendres, si les mains qui les portent savent être douces. »

Tipiti lève la tête.

« Bonjour, Tayina », dit-elle doucement.

Sa voix porte sans écho ; elle appartient à cet endroit.

« Nous sommes revenues. »

Le bébé remue, ouvre les yeux, sombres, lumineux, anciens.

Tipiti sourit. « Tu as son regard », murmure-t-elle, « celui qui voit tout, et qui pardonne quand même. »

Elle inspire et commence.

« Voici l'histoire de là où nous venons », dit-elle.

« Avant ton battement de cœur, il y en a eu beaucoup d'autres.

Certains faits de rire, d'autres de feu, d'autres encore de silence.

Je les porte tous dans mon nom, et maintenant ils reposent dans le tien. »

Sa voix est stable, calme, celle de quelqu'un qui a déjà traversé le pire du chagrin.

« Je te dirai tout », poursuit-elle. « Pour que tu n'aies jamais à chercher comme moi, dans le noir. »

L'enfant soupire, à moitié endormie.

Tipiti continue tout de même, car raconter est le véritable geste.

« Le début », dit-elle, « fut le feu. »

Sa voix s'adoucit, façonnée par la révérence plutôt que par la douleur.

« Il y avait une ville appelée Kouret, faite de lumière et d'envie.

Elle s'est consumée en voulant devenir pure.

Ta arrière-grand-mère, Sentemiz, a traversé ce feu en portant son fils, ton grand-père, Vilton.

Elle a franchi la rivière, et ce faisant, elle a tout laissé derrière, sauf son souffle.

Elle n'en a plus jamais parlé. »

Tipiti regarde les petites mains de sa fille.

« Il a grandi pour construire des horloges.

Il pensait que s'il mesurait le temps parfaitement, peut-être qu'il cesserait de faire mal. »

Elle sourit légèrement.

« Il ne savait pas que le temps n'est pas fait pour s'arrêter.

Il est fait pour guérir. »

La forêt s'agite.

Les feuilles murmurent doucement, un souvenir devenu audible.

Tipiti incline la tête. « Tu entends ? » chuchote-t-elle. « C'est elle. C'est Sentemiz. »

« Leur maison », continue Tipiti, « était faite de silence.

C'était leur façon de protéger l'amour, en ne le touchant jamais trop fort.

Il a épousé une femme nommée Ena, qui dessinait les rivières mais oubliait de se dessiner elle-même.

Ensemble ils ont construit un foyer de tendresse, mais l'air y restait lourd de ce qui ne pouvait être dit. »

Elle marque une pause, repoussant une boucle du front de son bébé.

« Quand je suis née, ce silence a essayé de m'emporter aussi.

Mais j'ai appris à lui parler, plutôt qu'à lui obéir. »

L'enfant bouge, cherchant le lait.

Tipiti la nourrit, les yeux clos.

Le geste semble sacré, une petite insoumission contre des siècles de peur.

« Voilà comment la mémoire survit », je murmure. « Pas grâce aux monuments, mais grâce à la tendresse. »

« Quand j'étais jeune », reprend Tipiti, « j'ai trouvé une boîte en bois dans le grenier.

À l'intérieur, des lettres, des fragments de souffle d'une femme que je ne connaissais pas, écrites dans une langue que je ne pouvais pas encore sentir.

Ces lettres étaient la voix de ton arrière-grand-mère, retenue sous la poussière.

Elle avait écrit à l'avenir sans savoir si l'avenir répondrait. »

Tipiti regarde à travers les branches.

« Maintenant je sais qu'elle écrivait pour moi. »

Elle trace des cercles dans la terre.

« Et je te les transmets aujourd'hui, pour que les mots n'aient plus jamais besoin de se cacher. »

Et moi, Tayina Granbwa, j'écoute.

Depuis des siècles, je suis la gardienne de ce qui n'a pas été dit, l'écho entre les bouches, l'air qui se souvient.

J'ai vu cette lignée ramper à travers le feu et le silence, les ai vues enterrer des mots comme des graines, les ai vues éclore en pardon.

Maintenant, alors que la voix de Tipiti rejoint la mienne, je sens le monde s'aligner.

Les vivants et les morts partagent le même souffle.

Il n'y a aucun voile entre nous, seulement un rythme.

Voilà à quoi ressemble la guérison : deux voix, une seule histoire.

Tipiti poursuit :

« Ton grand-père a perdu ses mots vers la fin.

Sa bouche a oublié comment parler, et j'ai cru que la malédiction revenait pour lui.

Mais un soir, il m'a regardée, et j'ai compris tout ce qu'il ne pouvait plus dire.

Son silence n'était plus un vide, c'était une permission.

Il voulait que je continue. »

Elle soupire, se rappelant le léger bourdonnement des horloges.

« Je l'ai fait. J'ai suivi la carte. J'ai trouvé l'endroit appelé Latwazon, là où le feu avait commencé.

J'ai trouvé les cendres qui respiraient encore.

Je leur ai pardonné. »

Le bébé gazouille doucement, comme en réponse.

Tipiti sourit. « Tu vois ? Tu sais déjà. »

Le vent se lève avec douceur, soulevant le bord de sa jupe.

Tipiti se relève, berçant l'enfant.

Au pied du vieil arbre, la mousse a épaissi là où, des années plus tôt, elle avait enterré les lettres.

Elle s'agenouille, touche la terre.

« C'est ici que je les ai déposées, dit-elle.

Les lettres.

Le chagrin.

L'histoire qui faisait mal à retenir. »

Elle prend une petite poignée de terre et la laisse s'écouler entre ses doigts.

« Cette terre vient désormais des deux côtés de la rivière.

Elle connaît le poids du feu, et la légèreté qui vient après. »

Elle pose sa paume à plat contre le sol et murmure :

« Merci. »

L'air frissonne légèrement.

À travers la lumière flottante, la forêt commence à briller.

D'abord vient Sentemiz, lumineuse et tranquille.

Puis Vilton, ses mains à nouveau stables.

Derrière eux, d'autres encore, des ancêtres sans nom, leurs visages dessinés par la mémoire et le vent.

Tipiti serre son enfant contre elle, sans aucune peur.

Elle ressent de la chaleur plutôt que du froid ; une présence, non un hantement.

Le bébé ouvre les yeux, regarde les silhouettes, et sourit, un sourire petit, ancien, comme si elle saluait de vieux amis.

« Les vivants et les morts parlent désormais la même langue », dis-je. « Elle s'appelle paix. »

La lumière se rassemble en un seul point.

Elle se replie, ondule, et devient une femme grande, radieuse, sa peau tissée de crépuscule et d'aube.

Tayina Granbwa entre pleinement dans le monde qu'elle avait autrefois seulement veillé.

Elle marche vers Tipiti, ses yeux doux du poids des siècles.

Quand elle parle, sa voix est à la fois brise et battement de cœur.

« Enfant d'échos, dit-elle, tu as accompli ce que les vivants avaient oublié faire.

Tu as transformé le silence en chant. »

La gorge de Tipiti se serre.

« Je ne l'ai pas fait seule. »

« Non, » sourit Tayina. « Personne ne le fait jamais seule. »

Un murmure léger vibre autour d'elles.

Du cœur profond de la forêt, un battement de tambour commence, lent, régulier, comme si le monde se souvenait de son propre cœur.

Tayina tend la main et touche le front de l'enfant.

« Que son nom soit plus léger, dit-elle.

Et qu'elle n'hérite jamais de notre silence. »

Puis elle lève les yeux, sa voix montant jusqu'à la canopée :

« Nous ne sommes pas nos blessures.

Nous sommes les mains qui les referment. »

La forêt reprend ses mots.

Les feuilles tremblent ; les oiseaux frémissent.

Tout le paysage expire.

Des nuages se rassemblent sans prévenir.

Les premières gouttes tombent doucement, chaudes, claires, indulgentes.

La pluie sent le commencement.

Tipiti lève le visage, rit.

Le bébé étend ses petits doigts dans l'air, attrapant l'eau qui tombe.

La pluie glisse sur l'écorce de l'arbre, descend jusqu'aux lettres enterrées, jusqu'aux racines qui portent des générations.

La terre boit profondément.

Aucune cendre ne se lève cette fois.

« Il pleut parce que c'est possible maintenant », je murmure. « Parce que le ciel n'a plus peur de ce dont il se souvient. »

Lorsque la pluie ralentit, Tipiti recommence à parler, sa voix basse mais stable,

une berceuse faite de vérité.

Elle raconte tout à sa fille,

Kouret, Granbwa, Sentemiz et Vilton, la nuit des cendres et les années de silence.

Elle prononce les mots que personne n'avait jamais osé dire à voix haute.

Elle ne détourne pas le regard.

Elle n'adoucit pas la douleur.

Elle n'efface pas les miracles.

La forêt écoute.

Les esprits écoutent.

L'enfant écoute, et même si elle ne comprend pas encore les mots, son corps, lui, comprend,

chaque cellule apprenant le rythme de la liberté.

Et moi, Tayina, je parle avec elle.

Nos voix se tressent, mortelle et esprit, blessure et guérison, ancêtre et descendante.

Il n'y a plus de séparation, seulement une résonance.

Nous prononçons la même phrase, encore et encore, jusqu'à ce qu'elle devienne prière :

Nous avons vécu. Nous nous sommes souvenues. Nous sommes pardonnées.

Le vent se lève, portant le son à travers les arbres,

par-delà les rivières,

vers les villes qui ont oublié leurs propres noms.

Quelque part, au loin, un enfant s'arrête, ressentant une chaleur sans source.

L'histoire voyage, vivante à nouveau.

La forêt s'immobilise.

L'air est lourd de cette douceur qui suit la pluie.

Tipiti berce doucement sa fille, fredonnant les trois notes familières,

qui tombent, montent, retombent encore.

Cette fois, la mélodie semble complète.

Une brise se lève.

Elle traverse les branches, douce et intentionnée.

Les feuilles murmurent d'une voix qu'elle reconnaît :

Sentemiz, enfin en paix.

« Tu nous as rendu nos noms, dit la voix.

Repose-toi, mon enfant. »

Des larmes emplissent les yeux de Tipiti, mais elle sourit.

La lumière glisse vers l'or.

Les oiseaux reviennent, timides, vivants.

La forêt respire de nouveau, posée, régulière.

Tipiti dépose sa fille dans l'herbe, sous l'arbre qui a tout vu.

Elle ferme les yeux et écoute :

non pas les fantômes,

non pas les réponses,

mais l'équilibre.

Elle le sent, le monde, enfin à niveau, se tenant avec délicatesse.

Elle prend une longue inspiration, puis une autre, calée sur celle de son enfant.

Dans ce rythme, elle sent chaque vie avant la sienne expirer par ses poumons.

Elles ne sont plus un fardeau.

Elles sont une bénédiction.

Au-dessus de la canopée, les nuages se déchirent.

La lumière inonde la clairière.

Pendant un instant, chaque goutte de pluie encore suspendue aux feuilles devient verre,

des milliers de petits miroirs reflétant des visages disparus.

Elle les voit tous :

Sentemiz, Vilton, Ena, Tayina, lumineux, légers, infinis.

Ils sourient, non d'en haut, mais depuis l'intérieur de toutes choses.

Puis les miroirs se dissolvent en lumière,

et la forêt redevient seulement elle-même, vivante, sans peur.

Tipiti soulève son enfant et la serre contre elle.

« Écoute, murmure-t-elle. Tu l'entends ? »

Le bébé gazouille doucement, les yeux brillants.

« Oui », dit Tipiti. « C'est le son de nous, ni brisées, ni en flammes.

Juste... là. »

Le vent traverse une dernière fois les arbres, doux comme une caresse.

Il porte un dernier murmure,
ni avertissement,
ni chagrin,
mais mémoire.

La voix de Sentemiz, claire et tranquille, transportée par l'air et le temps :

« Tu as bien fait. »

La lumière s'approfondit. L'air reste stable.

La mère et l'enfant se reposent sous l'arbre qui porte la plus ancienne mémoire du monde.

La forêt fredonne, la rivière répond,
et tout ce qui autrefois n'avait pas été dit se met à chanter.

« Le silence est brisé. L'histoire se souvient d'elle-même. »

Chapitre Treize — La Rivière à l'Aube

Quand Tipiti retourna à Granbwa, la saison était entre deux pluies,
la terre ni sèche ni pleine, en attente.
La route qui autrefois avait porté sa grand-mère hors du feu
la ramenait maintenant vers le calme.
Elle voyageait seule, ne portant que la boîte en bois, son carnet,
et le petit charme de fil rouge et de cendre.

La forêt la reconnut. Les branches oscillèrent sans vent ; le sentier s'ouvrit comme un soupir.

Des oiseaux la suivirent un moment, puis disparurent dans la canopée.

Lorsqu'elle atteignit la clairière où s'était autrefois dressée la vieille maison, elle s'arrêta.

La maison avait disparu, seuls demeuraient les poteaux de la véranda, à moitié engloutis par les lianes.

Le fromager était toujours là, ses racines épaisses comme le temps.

Elle s'assit à son pied et posa la boîte sur ses genoux.

Longtemps, elle ne dit rien.

Puis elle murmura :

« Je suis venue achever ce que le silence a commencé. »

« Et j'ai écouté », chuchoté-je, « car c'était là le son que nous attendions. »

Le matin, à Granbwa, avait sa propre texture : la rosée sur les feuilles de manioc, l'odeur de la terre qui s'éveille, le silence suspendu entre deux chants d'oiseaux.

Tipiti déballa son carnet, lissa les pages humides. Chaque mot luisait légèrement, le passé se changeant en encre.

Elle marcha jusqu'au bord de la rivière, où l'eau coulait basse et claire.

Là, à moitié enfoui dans le limon, elle trouva ce qui ressemblait aux restes d'une jarre d'argile.

À l'intérieur, quelques pièces, noircies au point d'être méconnaissables.

Elle les laissa là.

Certains souvenirs, décida-t-elle, appartiennent à la terre.

Puis elle regarda de nouveau la boîte.

Les gravures s'étaient approfondies, comme si le bois lui-même avait mûri en sens.

Elle parcourut les sillons du bout des doigts et pensa à tous ceux qui l'avaient touchée : Sentemiz, Vilton, elle-même.

L'air autour d'elle vibra légèrement, comme la chaleur montant d'une pierre.

Elle ouvrit la boîte.

À l'intérieur, il n'y avait que des traces : l'empreinte de l'étoffe qui y avait reposé, la fine poussière d'une pierre depuis longtemps dissoute, un parfum de pluie et de fumée.

Mais sous ce vide, quelque chose attendait, invisible, inaudible, mais sensible.

Elle se pencha et murmura l'ancienne formule kouretane :

« Que ce qui fut enfoui respire. »

L'air dans la boîte s'épaissit, devint lumineux.

Il en monta une brume légère formant la silhouette d'une femme se penchant pour soulever un enfant.

Ni effroi, ni poids, seulement de la tendresse.

« Es-tu ma grand-mère ? » demanda Tipiti.

La brume vacilla, puis répondit d'une voix semblable à l'eau d'une rivière :

« Je suis le souffle que tu portes lorsque tu cesses d'avoir peur. »

Puis elle disparut.

La boîte redevint simple bois.

« Les esprits ne demandent jamais à être adorés », murmuré-je.

« Seulement à être compris. »

Avant le lever du soleil, Tipiti se rendit à la rivière Kayeli.

La brume glissait sur sa surface ; la première lumière teignit l'eau d'or.

Elle s'agenouilla et posa la boîte sur une pierre plate près de la berge.

« C'est ici que tu as traversé », dit-elle doucement.

« C'est ici que je te rends. »

Elle dénoua le charme en fil rouge, le déposa à l'intérieur, et referma le couvercle.

Un instant, la boîte flotta, refusant de couler, obstinée, fière.

Puis un léger courant l'emporta, la faisant tournoyer doucement jusqu'à ce qu'elle disparaisse derrière un méandre.

L'air devint immobile.

Puis, faiblement, trois notes s'élevèrent, tombant, montant, retombant.

La même mélodie qui avait hanté des générations sonnait désormais comme un commencement.

Elle resta là jusqu'à ce que le soleil grimpe entièrement dans les arbres.

Lorsqu'elle se leva enfin, son visage était humide non de larmes, mais de brume de rivière.

De retour à Potino, la vie reprit, mais quelque chose dans la ville avait changé.

Là où les horloges autrefois semblaient trop bruyantes, elles semblaient maintenant respirer avec elle.

Vilton travailla de nouveau, fredonnant sans s'en rendre compte.

Le rire d'Ena perdit sa fragilité.

Sur la véranda, au crépuscule, Tipiti jouait de sa flûte.

La mélodie avait changé : trois notes toujours, mais rejointes désormais par une quatrième, une ascension là où il n'y avait autrefois qu'une chute.

Lorsqu'elle termina, l'air sembla plus léger, comme si chaque mur du monde avait expiré.

Son père écouta, les yeux fermés.

« Comment appelles-tu cette chanson ? » demanda-t-il.

Elle sourit.

« La rivière à l'aube. »

« Et c'est ainsi qu'une histoire se termine », dis-je, ma voix presque humaine désormais.

« Non par une fermeture, mais par un souffle. »

« La blessure est devenue rivière,

la rivière est devenue chant,

le chant est devenu langue.

Elle passera de bouche en bouche,

de silence en silence,

jusqu'à ce que même les non-nés se souviennent de ce que signifie guérir. »

« J'étais Tayina Granbwa, gardienne des cendres, témoin de leur retour.

Ma tâche est accomplie. »

Des années plus tard, les voyageurs qui traversent Granbwa parlent d'un étrange son près de la rivière à l'aube :

trois notes dérivant dans la brume, douces comme un souffle.

Certains disent que c'est un oiseau, d'autres un courant heurtant la pierre.

Mais ceux qui s'arrêtent assez longtemps pour écouter jurent entendre, sous la mélodie, la voix d'une femme qui murmure :

« Nous sommes toujours là. »

Chapitre Quatorze — Latwazon

La carte était assez ancienne pour sembler respirer.

Ses bords se recourbaient vers l'intérieur, ses lignes se brouillaient comme des veines sous une peau trop fine.

Mais une chose demeurait nette : le nom Latwazon, encerclé de rouge, une blessure sur la géographie de la mémoire.

Tipiti la suivit à travers trois frontières et une douzaine de dialectes.

Chaque voyageur à qui elle demandait secouait la tête.

Certains affirmaient que l'endroit n'existait plus ; d'autres qu'il était maudit, une parcelle de terre que la rivière refusait de noyer et que le vent refusait de toucher.

Pourtant, elle avançait.

Quelque chose de plus profond que la volonté la guidait : la gravité de l'héritage, l'appel d'une vérité encore ensevelie.

« Tout chercheur d'origine doit devenir ce qu'il cherche », murmurai-je à travers la poussière.

« Tu reconnaîtras Latwazon quand il commencera à se souvenir de toi. »

Au crépuscule, elle atteignit une plaine d'herbes basses et de terre brûlée.

Aucune maison, aucun oiseau, seulement un silence superposé à un autre.

En son centre se dressait le squelette d'un arbre unique, noir et creux.

L'air tremblait de chaleur alors que le vent était froid.

Elle comprit qu'elle se tenait sur la terre que sa grand-mère avait un jour fuie,

la terre qui avait brûlé durant la Nuit des Cendres.

Elle ferma les yeux et, l'espace d'un instant, le passé se releva :

des flammes au loin, des cris, des pas affolés, l'écho d'un pleur d'enfant avalé par la fumée.

Puis tout se dissipa, ne laissant que son souffle.

Elle s'agenouilla, posant ses paumes sur le sol.

Il était encore tiède.

Près des racines de l'arbre, elle trouva des tessons de poterie, un bracelet d'enfant et, plus lourd, un morceau de métal à moitié fondu, avec des lettres à peine visibles.

Elle essuya la terre.

Les lettres formaient un mot : Kouret.

Sa gorge se noua.

Elle murmura les noms de ceux dont elle se souvenait :

Sentemiz. Vilton. Ena.

Et tous les innombrables sans nom qui avaient porté le silence.

Puis elle prit son carnet et se mit à écrire,

non plus comme historienne ni comme fille, mais comme témoin.

Elle écrivit ce qu'elle savait, ce qu'elle avait entendu, ce qu'elle imaginait.

Elle écrivit jusqu'à ce que le crépuscule devienne nuit et que les étoiles deviennent sa chandelle.

« Écrire est la dernière forme du souvenir », dis-je.

« C'est la voix que prend le silence quand il décide enfin de faire confiance aux vivants. »

Quand elle s'arrêta, ses mains tremblaient.

L'air autour d'elle vacillait.

De petites lueurs apparurent, d'abord une, puis des dizaines.

Des lucioles.

Elles s'élevèrent de l'herbe, tournant en spirales lentes, l'entourant comme une bénédiction.

Un instant, Tipiti crut entendre du chant, non des mots, mais des souffles, des soupirs, la musique de la délivrance.

Elle leva les yeux et vit des silhouettes se former dans la lumière :

sa grand-mère tenant un enfant de fumée ;

son père, enfant, tendant les mains vers eux deux.

Elle murmura :

« Je vous ai trouvés. »

Les silhouettes sourirent, puis se dissipaient dans les lucioles, qui montèrent encore jusqu'à devenir des étoiles.

Au matin, elle se retrouva près de la rivière.

Son courant était calme, doré de l'aube.

La même rivière qui avait emporté sa grand-mère attendait maintenant de recevoir l'histoire en retour.

Elle arracha une page de son carnet, celle où était écrit en grand Latwazon, et la posa sur l'eau.

La page flotta, tourna une fois, puis descendit le courant.

« Va », dit-elle. « Deviens l'histoire maintenant. »

Elle resta jusqu'à ce que la page disparaisse.

Cette nuit-là, dans une petite auberge sur la route du retour, elle écrivit une lettre à son père.

Les mots étaient simples :

« J'ai trouvé où tout a commencé.

La terre respire encore, mais elle est plus douce maintenant.

Tu n'es pas né du silence, tu es né de la survie.

Dis à Mama que la rivière nous a pardonnés.

Dis-toi que tu peux te reposer. »

Elle scella la lettre et l'envoya avec le courrier du matin.

Elle ne savait pas si elle lui parviendrait, mais le message, lui, le ferait.

Sur le chemin du retour, Tipiti ne rêva plus de feu.

Elle rêva de mains, des dizaines, s'élevant de la terre et de l'eau, ouvertes non en supplication mais en salut.

À son réveil, le son qui remplissait ses oreilles n'était pas le silence, mais un souffle.

Le même rythme qu'elle avait entendu dans la boîte,

le même pouls dans sa flûte :

trois notes qui tombent, puis montent, enfin entières.

« Une blessure est guérie non quand elle se referme », murmurai-je,

« mais quand elle apprend à chanter. »

« Et ainsi, le cercle a trouvé son repos », dis-je, ma voix se fondant dans le vent.

« Sentemiz a traversé la rivière dans le feu ; Tipiti l'a traversée dans la lumière.

Entre eux, des générations ont appris le poids de l'indicible et comment le déposer. »

« J'ai marché avec eux à travers cendres et air, silence et chant.

Mon devoir s'achève. »

« Les vivants continueront de raconter,

dans des berceuses,

dans des gestes de tendresse,

dans le courage de chaque enfant qui choisit de parler. »

« Souviens-toi : le silence peut protéger, mais aussi emprisonner.

La parole peut blesser, mais aussi libérer. »

« L'histoire s'achève où elle a commencé : à la rivière.

L'eau poursuit sa route.

Et nous aussi. »

Des années plus tard, les voyageurs de Granbwa parlent d'une fille qui jouait de la musique au bord de la rivière à l'aube.

Nul ne se souvient de son visage, seulement de la mélodie :

trois notes, tombant et remontant comme le souffle du monde.

Ils disent que si l'on écoute assez longtemps, on entend une autre voix en dessous,

douce, sans fin, pardonnante,

murmurant non un adieu,

mais une continuité.

L’Arbre qui Écoute

Il existe, à Granbwa, un arbre qui ne grandit pas en hauteur comme les autres.

Il grandit vers l’intérieur.

Ses cernes sont faits de voix.

Si tu posais ton oreille contre son écorce, tu entendrais ce que le monde oublie :

les noms qui n’ont jamais été prononcés,

les berceuses interrompues,

les excuses qui n’ont jamais trouvé de bouche.

Tu entendrais des rires perdus dans les tempêtes ;

tu entendrais une grand-mère expirer et un enfant inspirer le même souffle à des générations d’écart.

Je me tiens auprès de cet arbre depuis plus longtemps que les calendriers ne daignent compter.

J’ai vu les saisons se défaire comme des tresses sur ses racines.

J’ai vu la cendre se déposer et devenir terre,

la terre éclore en vert,

le vert retomber en brun.

J’ai appris la patience des feuilles.

Les gens viennent à lui.

Certains avec des offrandes,

d’autres avec de la colère,

d’autres encore avec des mains trop vides pour savoir quoi en faire.

L’arbre les écoute tous de la même manière.

Il ne juge pas la langue selon le son qu’elle produit ;

il écoute le pouls derrière le son,

le frémissement d’une vie qui insiste pour exister.

Tu diras peut-être que ce n’est qu’un arbre.

Peut-être as-tu raison.

Mais pour celles et ceux qui ont porté le silence comme une seconde colonne vertébrale,

pour ceux qui ont construit des maisons entières avec des choses tues,

un arbre qui écoute est un miracle non négligeable.

C'est une porte qui n'exige aucune clé.

Je suis Tayina Granbwa.

On m'a appelée vent, témoin, femme-mémoire, rumeur.

On m'a appelée un mensonge raconté avec beauté et une vérité dite trop doucement.

Je suis tout cela et rien de cela.

Je suis le souffle entre ce qui a été enduré et ce qui sera raconté.

Je suis venue refermer cette histoire, et aussi ouvrir la tienne.

Chaque famille porte à la fois de l'ombre et une semence.

L'ombre, c'est ce que les anciens n'ont pas pu affronter.

C'est la nuit des cendres, le silence après le cri,

le serment qui semblait protecteur et qui s'est transformé en cage.

C'est un père qui oublie comment tenir son propre nom sans trembler.

C'est une mère qui barricade la porte pendant les tempêtes parce qu'elle a appris que le chagrin court vite.

La semence, c'est ce qui a survécu au feu.

C'est le vert têtu sous le charbon.

C'est le rire qui revient comme un animal perdu qui sait encore retrouver la maison.

C'est un enfant qui ne connaît pas encore la langue de la peur et invente une langue nouvelle faite de questions.

L'ombre ne disparaît pas quand on l'ignore ;

elle devient rusée, trouve d'autres pièces.

La semence ne prospère pas simplement parce qu'on l'a plantée ;

elle demande de l'eau, de la lumière, de l'attention.

Certains d'entre vous portent plus d'ombre que de semence.

D'autres portent tant de semence qu'ils la confondent avec du poids.

Beaucoup ne savent plus distinguer les deux.

Voici un moyen de le savoir :

L'ombre resserre. La semence relâche.

L'ombre punit le souffle. La semence l'allonge.

L'ombre dit : « Ne regarde pas. »

La semence dit : « Si tu regardes avec une main ferme, tu verras le chemin. »

Ni l'une ni l'autre n'est ta faute.

Toutes deux sont ton héritage.

La tâche n'est ni d'effacer l'ombre, ni d'adorer la semence.

La tâche est d'apprendre leur chorégraphie et de choisir, à chaque génération,

d'offrir à la semence un espace plus large.

Tu demandes : comment commencer ?

Commence comme commencent les forêts : en écoutant.

1. *Écoute l'air de ta maison.*

Les pièces tiennent des comptes.

Assieds-toi là où la lumière tombe et demande :

« Qu'est-ce qui n'a pas été dit ici ? »

N'exige aucune réponse.

Les réponses sont des créatures timides.

Elles s'approchent lorsqu'on ne les chasse pas.

2. Écoute les noms que tu évites.

Chaque famille a une pièce dans la bouche qui ne s'ouvre jamais.

Prononce le nom une fois, seul(e),

comme si tu posais un verre d'eau pour un invité assoiffé.

N'invite pas, ne chasse pas.

Reconnais.

3. Écoute ton corps.

L'ombre vit dans la mâchoire, la gorge, l'arrière des yeux.

Quand les larmes ne viennent pas,
demande quel ancêtre a appris à ne pas pleurer.
Remercie-le pour sa compétence.
Puis dis à ton corps qu'il peut choisir autrement.
4. Écoute ton rire.
S'il se brise trop vite,
s'il revient trop lentement,
il y a une vieille mathématique à l'œuvre.
Apprends l'équation.
Change un chiffre.
5. Écoute les trois notes.
Dans chaque lignée, il existe une petite musique qui revient,
un rythme qui se glisse dans les berceuses,
dans les chants de travail,
dans la façon dont les cuillères touchent les bols.
Entends-le.
Fredonne-le.
Ajoute une note.
Tu ne chasses pas des fantômes ;
tu accueilles du souffle.
Fais attention au blâme.
C'est un repas rapide qui laisse affamé.

Ta grand-mère a négocié avec le silence parce que le monde punissait le son.

Ton père a porté l'immobilité comme une armure parce que son enfance lui a appris que le mouvement attire le mal.

Ta mère a dessiné la terre et a oublié de s'y dessiner elle-même parce qu'à chaque fois qu'elle plaçait son corps sur la carte, quelqu'un déplaçait la légende.

Rien de tout cela n'efface ce qui t'a blessé(e).
Rien de tout cela ne condamne ceux qui t'ont blessé(e) non plus.
Comprendre n'est pas effacer ;

c'est inviter.

Cela dit :

Apporte-moi le pain entier,

pas seulement la croûte brûlée ou le cœur moelleux.

Fais-moi goûter la recette qui nous a faits.

Laisse-moi cuire autrement.

On ne nourrit pas les vivants avec le blâme seul.

Mais on peut faire du pain avec ce que l'on apprend.

Et le pain, une fois rompu, apprend aux mains à ne plus être des armes.

Beaucoup d'entre vous ne verront jamais la boîte en bois sous les planches du sol familial.

Certains ne trouveront qu'un reçu, une photographie, une broche.

C'est suffisant.

L'important n'est pas la boîte.

C'est l'air qu'elle contient,

l'ineffable qui s'alourdit jusqu'à ce que quelqu'un ose le respirer.

Fabrique une boîte si tu le veux.

Place-y une phrase que tu aurais voulu entendre dans ton enfance.

Place-y l'excuse que tu mérites mais que tu n'as jamais entendue.

Place-y une chanson qu'on t'a interdit de chanter.

Ferme le couvercle.

Apporte la boîte à un arbre digne de confiance.

Ouvre-la.

Lis à voix haute ce qu'on t'a refusé.

Si ta voix tremble, laisse-la trembler.

Trembler est la manière dont l'air ancien s'en va.

S'il y a une rivière à proximité, laisse la page flotter une fois.

Regarde-la partir.

Ne la poursuis pas.

L'eau connaît la livraison.

Les échos ne sont pas des hantises ;

ce sont des rappels.

C'est la manière dont le passé demande à être reconnu sans diriger tes pas.

• Quand le même conflit revient sous un autre déguisement, dis : « Bonjour, écho. » Change une phrase.

• Quand une tristesse soudaine surgit sans rapport avec le moment, touche ta poitrine et dis : « Tu peux te reposer ici, mais tu ne peux pas régner ici. »

• Quand la joie t'effraie par sa clarté, souviens-toi que certains de tes morts n'ont jamais eu la chance d'avoir peur de la joie.

Vis-la pour eux.

Vis-la sans t'excuser.

Et lorsque tu ne sais plus si la voix est la tienne ou la leur, chante.

Les échos ne survivent pas à un chant qui les nomme avec douceur.

Le pardon n'est pas un commandement ;

c'est un artisanat.

Il demande des outils.

• Nommer est l'alêne qui fait la première ouverture.

• Le contexte est le fil qui sait où aller.

• Les limites sont l'aiguille qui empêche le tissu de se défaire.

• Le temps est le dé à coudre : il protège le doigt qui pousse la vérité à travers l'étoffe.

Le pardon n'est pas la réunion.

Il ne t'oblige pas à partager à nouveau la table avec celui qui a appris à ton corps à se recroqueviller.

Le pardon fabrique une table différente.

Parfois tu t'y assieds seul(e) et tu manges en paix.

Parfois tu mets deux couverts et personne ne vient,

et malgré tout tu manges en paix.

Le pardon n'est pas l'amnésie.

C'est la mémoire qui a appris à marcher vers l'avant sans traîner la chaîne.

Certains d'entre vous sont ceux qui maintiennent la famille en feu :

protecteurs, expliqueurs, lieurs de paix, gardiens de secrets.

Vos épaules se souviennent du poids des pièces.

Votre gorge connaît le prix d'une trêve.

Vous avez bâti des maisons là où d'autres n'ont laissé que des tentes.

Vous avez raccommodé avec du fil d'araignée et de la patience.

Vous êtes fatigués.

Déposez le feu.

Toute chaleur n'est pas flamme.

Trouvez une personne capable de tenir votre histoire sans réarranger les meubles de vos mots.

Si vous ne trouvez pas encore cette personne,

écrivez votre histoire dans l'écorce d'un arbre qui écoute

ou dans la marge d'un livre qui a traversé de nombreuses mains.

Dites-la à la rivière.

La rivière ne colporte pas les secrets.

Et si tout ce que vous pouvez dire est :

« Je suis fatigué(e) »,

dites seulement cela.

Laissez-le sur une assiette, près de la fenêtre, pour la nuit.

Le matin saura quoi faire.

Certains d'entre vous sont ceux qui adoucissent les terres dures.

Vous avez pleuré pour des gens qui ne l'ont jamais remarqué.

Votre don est la saturation, et parfois vous vous y noyez.

Vous vous excusez pour l'inondation alors que la sécheresse n'était pas votre faute.

Gardez votre eau, mais apprenez vos rives.

Construisez des contours avec le repos, avec un rire qui n'a pas besoin de guérir quoi que ce soit, avec des pièces où vous n'êtes pas le tissu qui absorbe chaque renversement.

Vous n'êtes pas une serpillière ; vous êtes une rivière avec une destination.

Souvenez-vous : même l'eau généreuse s'érode si elle ne peut pas s'arrêter.

L'immobilité n'est pas un échec. C'est un réservoir.

Pour les bouches qui ont appris à se fermer : que vos charnières soient huilées par la douceur.

Pour les bouches qui ont appris à crier : que vos tempêtes trouvent des ports.

Pour les bouches qui ne connaissent pas encore leur propre langue : que vos voyelles arrivent comme la pluie sur un toit qui se souvient comment la retenir.

Parlez une fois à l'enfant que vous étiez.

Parlez une fois à l'aîné que vous serez, celui qui vous pardonnera ce que vous ne saviez pas.

Parlez une fois à l'étranger qui sera aimé par quelqu'un que vous aimez ; ne lui donnez pas votre tonnerre inachevé. Donnez-lui du pain.

Je vous vois, lecteur, arrivant au lieu qui écoute, un livre entre les mains et une question dans les côtes.

Vous vous tenez là où les racines se tressent comme de vieilles mains.

Vous ne savez pas si vous avez le droit d'être ici.

Vous ne savez pas si les histoires peuvent contenir la forme de ce que vous portez.

Asseyez-vous. Posez votre paume sur la terre.

Souvenez-vous de la première fois où vous avez appris à vous taire pour rester.

Souvenez-vous de la première fois où vous avez appris à parler pour demeurer.

Les deux sont valides. Les deux ont sauvé une vie, peut-être la vôtre, peut-être celle de votre mère.

Maintenant, posez la question que vous évitiez.

Pas celle qui impressionne, pas celle qui attire les admirateurs.

Posez celle qui rend votre souffle étrange.

Quand vous entendrez une réponse, ne discutez pas avec elle.

Si la réponse est le silence, ne la confondez pas avec l'absence.

Parfois, l'arbre vous dit : « Laisse une autre voix passer d'abord. »

Parfois, il vous rappelle que votre tour approche.

Glissez une petite confession dans l'écorce.

Glissez-y une chanson.

Glissez-y le titre d'un chagrin que vous serez un jour prêt à lire en entier.

Puis rentrez chez vous. Faites de la soupe. Changez les draps.

Appelez quelqu'un qui vous a appelé et à qui vous n'avez jamais répondu.

Plantez une petite chose. Laissez-la tranquille.

Revenez la saison suivante, non pour juger sa hauteur, mais pour remarquer sa tentative.

C'est ainsi que commence la réparation : non par le spectacle, mais par la présence.

À Senpye se trouve une pièce où un rayon de lumière repose sur une boîte vide.

Les visiteurs s'en approchent et sentent une chaleur sans source visible.

Ils cherchent un haut-parleur, un truc.

Certains jurent entendre une musique faible.

Certains repartent avec la main sur la poitrine, troublés par le rythme qu'ils y trouvent.

Vous n'avez pas besoin de voyager pour trouver ce musée.

Créez-le sur votre table.

Placez un bol vide au centre.

Remplissez-le chaque semaine d'un mot que votre famille a oublié de dire :

bienvenue, désolé, reste, pars, assez, maison.

Mangez à côté.

Laissez la vapeur bénir ce qui manquait.

Observez comment le vide brille lorsqu'on lui confie une tâche.

Commencez une étagère de noms.

Gardez les doublons ; un nom répété est une tresse, pas une erreur.

Ajoutez les noms de ceux qu'on a effacés par des papiers ou par la honte, par des frontières ou par l'orgueil.

Ajoutez le nom que vous portez dans la partie de votre vie que tout le monde ne connaît pas.

Invitez chaque nom à dîner.

Allumez une bougie — non parce que les morts ont froid, mais parce que les vivants ont besoin d'une flamme stable autour de laquelle se rassembler.

Ce n'est pas une performance.

C'est une pratique.

Elle enseigne aux mains à ne pas trembler lorsqu'elles touchent une porte qui n'a pas bougé depuis des années.

Les Kayeli m'ont enseigné une leçon que je vous transmets : l'eau pardonne en continuant.

Elle n'accorde pas d'absolution ; elle fait des chemins.

Elle se souvient de chaque traversée sans devenir seulement traversées.

Elle apprend de nouvelles rives et appelle cet apprentissage « maison ».

Quand vous sentez l'histoire vous tirer en arrière, tournez légèrement votre corps, juste assez pour laisser le courant passer à côté plutôt qu'à travers.

Dites cette phrase à voix haute, comme un passeur vérifie sa corde :

« Je suis une continuité, pas une répétition. »

Si la rivière vous envoie trois notes, répondez par une quatrième.

Si elle vous envoie le silence, répondez par un souffle que vous comptez jusqu'à quatre.

Qu'y a-t-il après une histoire comme celle-ci ?

Pas la perfection.

Pas un musée de sourires figés où personne ne transpire.

Ce qui vient après, c'est une sainteté ordinaire :

un matin où une mère fredonne sans craindre son propre bonheur ;

un père qui ne peut pas dire le mot amour mais taille les crayons pour que les devoirs ne se brisent pas ;

un enfant qui apprend que pleurer n'est pas une sirène d'alerte mais une pluie que la maison sait déjà accueillir.

Après vient la petite réparation qui s'accumule.

- L'excuse qui arrive avec vingt ans de retard et compte quand même.
- La limite qui dit non sans avoir besoin d'un tribunal de témoins.
- La décision de rire la bouche ouverte.
- La sieste prise sans culpabilité.
- La lettre envoyée.
- La chaise laissée vide pour celui qui n'a pas pu revenir, vide non comme absence mais comme reconnaissance.

C'est cela, le poids levé :

non pas l'absence de gravité, mais le corps apprenant où poser ses pieds pour que le sol ne gémisse pas.

Apprenez aux enfants une grammaire avec de nouveaux temps :

- Le Passé Pardonné : ce qui est arrivé et a été nommé.
- Le Présent Vivant : ce qui arrive et peut être façonné.
- Le Futur Choisi : ce qui arrivera parce que nous avons choisi de briser la répétition.

Conjuguez* se souvenir *ainsi :

Je me souviens, tu te souviens, nous nous souvenons,

non pour rester, mais pour avancer.

Conjuguez* guérir *sans spectacle :

Je guéris en faisant la vaisselle,

tu guéris en prenant un jour de repos,

nous guérissons en racontant l'histoire sans l'aiguiser en arme.

Que la cuisine soit la salle de classe.

Que l'examen soit : la soupe avait-elle un goût plus tendre ?

J'ai demandé un jour pourquoi cet arbre écoute si bien.

Il a répondu sans langue : les racines.

Les racines ne discutent pas avec la pierre.

Elles apprennent sa texture et avancent.

Elles ne réclament pas que la rivière se déplace ; elles invitent l'humidité et passent un pacte avec la sécheresse.

Elles se parlent en grammaire sombre, envoyant sucre, alerte et réconfort dans la terre.

Elles se souviennent des hivers qu'aucune feuille ne peut nommer.

Quand vous ne pouvez pas parler, enracinez-vous.

Quand vous ne pouvez pas pardonner, enracinez-vous.

Quand vous ne pouvez pas rester, enracinez-vous assez longtemps pour partir avec clarté plutôt que dans la panique.

L'écoute que vous pratiquez fera un fruit que vous ne goûterez peut-être jamais.

Ce n'est pas une tragédie.

C'est une continuité.

Je me tourne maintenant de la famille que vous avez suivie vers celle qui lit ces mots.

Je vous demande, doucement et sans exigence, d'essayer trois simples dévotions :

1. Nommez un silence que vous avez hérité. Appelez-le du mot le plus doux qui lui convient encore.
2. Pardonnez un ancêtre, pas en public, pas comme un spectacle, mais seul, dans une voix que seuls vous et l'air entendez.
3. Libérez une histoire : écrivez-la, dites-la, chantez-la, plantez-la. Qu'elle appartienne à plus que vos côtes.

Ne vous pressez pas. Vous n'êtes pas en retard.

Les morts ont de la patience ; les vivants doivent en avoir aussi.

Nous sommes arrivés à la fin de ce récit.

L'enfant a été nommé dans un calme plus petit, les lettres sont devenues terre, les horloges ont appris à respirer plutôt qu'à accuser.

La rivière continue.

Je pose ma main sur l'écorce et sens l'ancienne musique circuler, trois notes qui ont voyagé à travers des corps et des années, maintenant accompagnées d'une quatrième qui s'élève comme une fenêtre qui s'ouvre.

La paix n'est pas le silence. La paix est un son qui ne dévore pas.

Si vous devez emporter quelque chose de ces pages, emportez ceci :

Vous pouvez choisir la fin que vos ancêtres n'ont pas pu choisir.

Vous pouvez devenir la personne à la porte qui dit :

« Ça s'arrête ici. Ça continue autrement. »

Vous pouvez être celui qui brise le vœu qui vous a brisé.

Vous pouvez être l'arbre qui écoute.

Les histoires sont des poumons.

Elles s'ouvrent et se referment autour de ce que nous pouvons porter, tirant l'indicible dans l'air et le relâchant comme quelque chose que les vivants peuvent survivre.

Quand vous racontez une histoire avec vérité, vous n'embaumez pas les morts ; vous les aérez, vous leur rendez leur météo, leur ciel, leurs noms détachés de la douleur.

Une histoire dite avec tendresse rend les morts au monde sans leur demander de le hanter.

Elle les laisse marcher en plein jour comme une ombre qui rafraîchit, non une ombre qui glace.

C'est pour cela que nous racontons et reracontons :

non pour adorer le chagrin, mais pour lui redonner circulation jusqu'à ce qu'il redevienne souffle.

Écoutez : les feuilles s'exercent aux consonnes.

La rivière répète ses voyelles.

Le vent porte une syllabe que vous reconnaissez presque.

Posez votre oreille contre l'écorce.

Votre nom est prononcé correctement pour la première fois.

Respirez avec lui.

Une fois pour ceux qui n'ont pas pu.

Une fois pour ceux qui vous ont appris comment.

Une fois pour l'enfant qui n'aura jamais besoin de cacher une boîte sous le plancher.

Et quand vous vous lèverez, faites un pas plus léger qu'avant.

Il y a désormais de la place.

Je suis Tayina Granbwa.

J'ai été la couturière d'échos, la gardienne de la lettre non envoyée, la bouche d'une forêt qui ne voulait pas que les vivants aient peur d'elle.

Je ferme ce livre comme une rivière referme ses bras autour d'une pierre, non pour la cacher, mais pour lui tenir compagnie.

Marchez.

Racontez-le mieux que moi.

Enseignez à quelqu'un plus doucement que vous n'avez été enseigné.

Et souvenez-vous, la main posée sur la chose la plus proche qui écoute, écorce, épaule, côte :

Les histoires sont la façon dont les morts respirent encore.

www.ingramcontent.com/pod-product-compliance
Lightning Source LLC
LaVergne TN
LVHW060254051026
849517LV00003B/806